Carta para minha Mãe

Uma história de perdão, coragem e esperança entre mãe e filha

Regina Valente

Carta para minha Mãe

Uma história de perdão, coragem e esperança entre mãe e filha

1ª edição / Porto Alegre-RS / 2022

Capa: Marco Cena
Produção editorial: Maitê Cena e Bruna Dali
Revisão: Simone Borges
Produção gráfica: André Luis Alt

Dados Internacionais de Catalogação na Publicação (CIP)

V154c   Valente, Regina
Carta para minha mãe : uma história de perdão, coragem e esperança entre mãe e filha. / Regina Valente. – Porto Alegre: BesouroBox, 2022.
136 p.; 14 x 21 cm

ISBN: 978-65-88737-68-2

1. Literatura. 2. Memórias. 3. Mãe e filha. I. Título.

CDU 82-9

Bibliotecária responsável Kátia Rosi Possobon CRB10/1782

Copyright © Regina Valente, 2022.

Todos os direitos desta edição reservados a
Edições BesouroBox Ltda.
Rua Brito Peixoto, 224 - CEP: 91030-400
Passo D'Areia - Porto Alegre - RS
Fone: (51) 3337.5620
www.besourobox.com.br

Impresso no Brasil
Junho de 2022.

À minha mãe, Elizabeth, que está me amparando desde o plano espiritual, a quem devo a grande transformação pela qual passei, estou passando e passarei enquanto estiver aqui na Terra.

*Com amor,
Regina*

Sumário

Muito mais do que um "prefácio" 9

Vitória no jogo da vida 13

Prólogo 17

1. O fim é o recomeço 21

2. A dura dor da realidade 27

3. Resgate do passado 31

4. Pela estrada eu fui 39

5. Memórias bloqueadas 43

6. A boa filha a casa torna 49

7. A vida adulta chegando... 55

8. Uma luta sem vencedores 61

9. A ilusão da zona de conforto 65

10. Conversas com minha tia 69

11. A figura masculina 73

12. Futebol, meu tio e novas emoções 77

13. Uma tonelada de solidão 81

14. Relações perigosas 85

15. Calcanhar de Aquiles 89

16. A virada dos 30 91

17. Vó Alzira 93

18. Abrindo o coração para o novo 101

19. Toda volta é um recomeço 105

20. Fiéis companheiros 111

21. Turbilhão de emoções 115

22. Um novo olhar sobre a vida 119

23. A chegada dos 40 123

24. Carta para minha mãe 127

Perder alguém querido 133

Agradecimentos 135

Muito mais do que um "prefácio"

Por Juliana Bueno

Nos primeiros dias de setembro de 1979... ainda fazia frio. Especialmente naquela casa bonita e muito grande, cercada de muitas árvores, onde eu estava morando, num condomínio, Clube Campestre, bem próximo de São Paulo.

Eu estava quase dormindo, num estado de semiconsciência. De repente, bem no alto, quase no teto do quarto, um rosto de mulher apareceu. Era de uma jovem, 25 a 28 anos, cabelos um pouco encaracolados, escuros, volumosos, bonitos. O rosto tinha traços bem-feitos, delicados, olhos profundos, penetrantes e meigos. Então, eu ouvi uma voz, bem baixinha, no meu ouvido:

– A filha da Beth nasceu! A Regina nasceu!

Não lembro exatamente o horário dessa fantástica e profética visão sobre o nascimento da minha sobrinha, filha da minha irmã. Tampouco me lembro – e isto não tem importância – se aconteceu durante, um pouco antes ou logo depois do parto. O que mais interessa é sobre esse aviso, essa visão tão importante para mim. E agora interessa também para muitos, centenas ou milhares que vão ler este livro da Regina Valente, que finalmente conseguia nascer em mais uma vida na Terra.

Sim, realmente aquele rosto que eu vi, de forma tão nítida e marcante, um dia se tornou o rosto bonito e expressivo da minha tão querida sobrinha Regina Valente Bueno, filha da minha irmã Elizabeth, a Beth, como todos a chamavam. Ficamos muito amigas, cada vez mais unidas e dispostas a uma gigantesca e importante tarefa, acima de todas as outras: ser feliz, sempre que possível, sem jamais desistir!

Agora, com este livro nas mãos, parece que entendo melhor a importância da nossa união e da nossa busca corajosa desse mesmo ideal (que, aliás, deve e precisa ser de todos nós). Essa tal felicidade não foi nunca fácil nem para ela nem para mim. Problemas surgiam de todos os lados, principalmente familiares. Nós duas caminhávamos sempre juntas, conversando e rindo muito também. Ela, às vezes, chorava – aliás, chorava e ria facilmente, típico da adolescência, eu pensava, ou do seu mapa astrológico... Um dia compreendi que era o seu jeito muito especial de enfrentar tantos problemas, tristezas e mágoas.

Talvez eu tenha demorado um pouquinho para perceber a profundidade, a força e a lucidez da sua inteligência, ao lado da enorme sensibilidade da sua alma e do seu coração. Mas consegui descobrir, sim, em conversas mais profundas e, mais ainda, quando a Beth, já nos anos finais de sua vida na Terra, ficou muito doente. E a Regina, naquela época, vitoriosa profissionalmente na carreira de jornalista, independente economicamente, simplesmente largou tudo que arduamente conquistara e foi morar com a mãe. Aí, então, a admiração pela inteligência e sensibilidade dela se transformou num profundo respeito. Como se, de repente, no meio de tantas mortes, dores e neuroses daquela família, "cuidar da sua mãe" se tornou o mais importante... e ela enfrentou. Fez, simplesmente, o que tinha que fazer, gostando ou não, como uma guerreira, amorosa e conciliadora.

Eu a senti, então, muito mais próxima de toda a espiritualidade que previa para ela, nos cursos e palestras que frequentamos, nos rituais que desenvolvemos (para nos ajudar e ajudar muitas pessoas!), na minha casa. Parece que consegui compreender toda a sua nobreza, uma maneira sábia e iluminada de enfrentar seu passado (com a mãe) e o momento atual que tinha pela frente. E toda a sua coragem, a esperança e o amor que ela sentia por esse tempo que agora teria pela frente, nos meses e alguns poucos anos que a Beth ainda teria para viver aqui.

Finalmente, por incrível que possa parecer, ela tinha agora a mãe que tanto sonhara! E, meu Deus, como isso é importante! Como pode ser tão difícil e doloroso sentir-se uma órfã, quase a vida inteira, de uma mãe viva, ao seu lado! Mas, agora, elas estavam unidas! E isso era simplesmente o mais importante!

Talvez Regina tenha vindo, acima de tudo, com esta missão: resgatar o amor de sua mãe! Conseguir perdoar e demonstrar, um dia, todo o amor que sentia. E, principalmente, eu sinto (e assim eu a vi naquela visão do meu quarto) que ela veio para curar a nossa Beth, também muito querida, apesar dos altos e baixos (muito graves) do seu mundo psíquico, emocional e espiritual.

Enfim, você vai ler este livro e, assim como eu, vai gostar muito da nossa Regina, "nome de rainha", como bem disse meu pai (seu avô) quando a viu pela primeira vez. Quinze dias depois ele partiu, vítima de um câncer fulminante. Mal conheceu e conviveu com a neta. Você vai ler este livro talvez bem rápido, ele é muito envolvente! Triste e dramático, mas repleto de pequenas, "maravilhosas e iluminadas" doses de sabedoria e aprendizado. O que mais podemos desejar e precisar tanto num livro como este, nestes dias difíceis, conflitivos e conturbados que vive a humanidade deste planeta? Apenas uma última e inspirada conclusão: que mundo seria este nosso se milhares e milhões de Reginas fizessem parte dele, com toda a coragem, humildade, capacidade de amar, compreender e perdoar?! Leia o livro e depois, se quiser, responda a essa tão simples pergunta.

Juliana Bueno é jornalista,
radialista e escritora (tia e madrinha da autora)

Vitória no jogo da vida

Por Lu Castro

Era o ano de 2006 e eu estava deixando meus textos sobre futebol um pouco mais visíveis. Foi com grande alegria neste mesmo ano que, em contato com o grande amigo Luiz Fernando Bindi, pude conhecer a palestrina de escrita perfeita, Regina Valente.

Essa "coisa" de mulher escrevendo sobre futebol não era lá tão comum e estar em contato com uma mulher que escrevia – e escrevia tão bem sobre assuntos do meu interesse – foi um presente.

Mas não foi só isso.

Tá na pedra!

Rê e eu estreitamos os laços de amizade. Em comum na história de vida, só o futebol. A caminhada da Rê foi muito diferente da minha em vários aspectos e com o passar do tempo fomos dividindo nossas alegrias, nossas angústias, nossos traumas, nossos aprendizados e nossa paixão pelo futebol.

Pensa num Choque-Rei bonito...

Assim resumo meu encontro com a Rê nesta vida. Discordamos em muitos pontos. Para começar, eu sou torcedora do São Paulo; ela, do Palmeiras (e nos reunimos muitas e muitas vezes para assistir ao Choque-Rei, o tradicional clássico São Paulo x Palmeiras). Nossas perspectivas sobre a vida são distintas e sempre foram debatidas com alto grau de respeito, começando pela escuta.

Meu prazer em conversar com a Regina sobre política, por exemplo, se concentra justamente nessa nossa troca absolutamente parcimoniosa de argumentos. Não lembro de um único momento em que deixamos nossos ideais políticos atravessarem nossa amizade a ponto de rolar uma discussão acalorada.

Ao contrário, geralmente a coisa toda desanda para as piadas que saem rapidamente de sua mente sagaz e conseguimos ficar uns bons minutos emendando uma piada na outra. Conto esses "pormenores" de nossa amizade porque eles foram fundamentais na construção do meu olhar sobre sua história de vida e sua relação com Dona Elizabeth.

Impedimentos anulados

Vi muitos lances tendenciosos no jogo da vida da Rê. Aquelas tentativas de parar a jogada com falta ou com a tal da interpretação do árbitro, sabe? Mas em momento algum vi Regina desistir da jogada, rolando no gramado pedindo falta ou sem questionar as decisões do juiz. Tínhamos tempo, inclusive, de nos reunirmos para conversar a respeito das arbitrariedades da vida e buscar as melhores táticas para que o jogo prosseguisse bonito, fluido e com placar satisfatório para ambas as equipes.

Jogo de comadre? É, sim, e daí?!

E daí que nesses momentos em que o adversário tinha metido o toco na Regina, ela levantava e emulava Maradona contra a Inglaterra ou Alex naquele gol de placa no Morumbi. Nesse nosso Choque-Rei restava, a mim, aplaudir a estratégia e a inteligência com as quais a Rê sempre conduziu o jogo de sua vida. O campo nem sempre acarpetado era impregnado com seu pragmatismo virginiano, que ia transformando cada espaço sem grama num aliado. Correndo ao seu lado na tentativa de marcar, mais aprendi que combati.

Entregar o jogo? Jamais!

Ao receber o convite para escrever este texto e ao ler seu relato de superação de suas dores – às vezes tão sem sentido aparente –, revisitei o íntimo da minha amiga, revivi nossas conversas com trocas profundas e me peguei vibrando por mais uma conquista sua.

Superar os adversários subjetivos que a vida nos impõe definitivamente não é para todos. Olhar para o placar da vida – o qual frequentemente sugere desvantagem – e ser capaz de avaliá-lo com sabedoria para adotar as estratégias mais eficazes requer não só inteligência. Requer, sobretudo, humildade e amor no coração. Requer habilidade para lançar luz sobre um espaço deste campo da vida, que quase sempre segue obscuro e intocado, já que nossa reação às passagens dolorosas da vida quase sempre é entregar os três pontos no jogo da evolução.

Mas a Regina Valente, não! A Rê está aqui para mostrar um futebol bonito e marcar gols.

Neste livro, você vai mergulhar e se inspirar com a história da Regina e se encher de coragem, esperança e determinação para vencer os obstáculos da vida, sejam eles quais forem.

Lu Castro é jornalista e pioneira
na cobertura do futebol feminino no Brasil.
Ela e a autora são amigas desde 2006, unidas pelo futebol.

Prólogo

"Conhece-te a ti mesmo e conhecerás o universo e os deuses."
Sócrates

O nome "Carta para minha mãe" veio em um sonho para mim. Este livro em si não é uma carta, mas uma maneira que eu gostaria que as palavras aqui contidas chegassem até você que as lê, e até a minha mãe, na dimensão espiritual – e, com fé, eu acredito que isso é possível. Gostaria que ela pudesse ler cada palavra e ter o meu ponto de vista da história, do que eu senti.

Nunca imaginei escrever um livro tão pessoal e trazer tantos dramas íntimos à tona. Nunca me senti à vontade para expor meus sentimentos de forma tão aberta. Embora eu seja uma pessoa muito extrovertida, isso não significa que eu coloque para fora minhas emoções. Até porque cresci em uma cultura familiar e de sociedade que pregava que falar de sofrimento não era legítimo, pois somos estimulados, o tempo todo, a sermos gratos, a ver o lado bom de tudo. "Você chora demais, Regina!" era uma das frases que mais escutava da minha mãe e, às vezes, da minha avó e minha tia.

Obviamente eu sou grata à vida e a tudo que recebi. Nunca me fiz de vítima ou usei isso para conquistar a atenção de ninguém, mas não posso negar que existiram muitas feridas, brigas e conflitos que fizeram da minha vida uma trajetória repleta de dor – o que não significa que seja uma história essencialmente triste. Significa que eu sofri muito para chegar até aqui e ter coragem de escrever.

O que me despertou essa vontade de contar a minha história foi a solidão da pandemia. Sou uma pessoa que convive bem com a solitude, com estar comigo mesma (aliás, valorizo minha individualidade e independência), porém na pandemia tudo mudou dentro de mim... A clausura, a obrigatoriedade de ficar em casa, sem contato com a família, com os amigos e colegas de trabalho, vendo tanta gente adoecer, morrer, países em crise econômica, o Brasil sem rumo... Quando saía na rua, era estranho ver as pessoas com máscaras cobrindo os sorrisos – afinal, no Brasil, nunca tivemos essa necessidade (ou demanda) como em outros países. Foi um período de olhar para dentro, de enxergar a mim mesma e todas as minhas questões que afloraram naquele momento.

Esse cenário confuso e complexo reavivou o sentimento de luto que eu achava que havia "controlado" (atenção virginianos como eu... a gente não controla nada, melhor aceitar!).

Estar sozinha em casa, com minha cachorra, meus gatos, vivendo no ambiente em que passei com minha mãe os dias mais tristes, porém regeneradores, de nossa relação foi dilacerante. A cada passo que dava, a imagem dela aparecia para mim, me trazendo a dor da saudade, a dor da solidão e uma profunda sensação de desamparo. A morte da mãe é o símbolo máximo da palavra desamparo. A partida da pessoa com quem temos um vínculo visceral, de onde nascemos e que representa parte da nossa origem, foi devastadora para mim, mesmo que nossa relação não tenha sido equilibrada e positiva o tempo todo.

No meio dessa amargura, eu precisava seguir a vida. Trabalho, contas para pagar e todas as responsabilidades que não poderia ignorar (por mais que tivesse vontade de sair correndo e fugir). Eu ainda morava no apartamento que era da minha mãe, e tinha colocado à venda. Naquele primeiro pico da pandemia, as imobiliárias ficaram proibidas de levar clientes às casas das pessoas para as visitas com corretores. Era um apartamento grande que me dava muitas despesas, além das que poderia dar conta, e das que vieram com a morte da minha mãe. Os cuidados com a Suzy (nossa cachorrinha) e o salário da nossa funcionária, que jamais iria demitir. Mais do que uma funcionária, a Rosy sempre foi o anjo da guarda da família, há quase 30 anos com a gente. Não a deixaria sem trabalho em meio a uma pandemia e sabia que teria que fazer sacrifícios financeiros para mantê-la. Mas estava disposta a isso, não apenas porque ela merecia, mas porque precisava. A Rosy cuidou de todos nós com muito carinho e dedicação (e até tatuou o nome da minha avó no braço).

No trabalho, todos tivemos de nos adaptar a um novo contexto. Eu estava na agência por onde havia tido uma experiência anterior e retornado em outra área. Estava feliz, aprendendo, crescendo, convivendo com pessoas competentes e queridas. E aí, de repente, nos cortaram o contato diário, o café no intervalo das quatro da tarde, as conversas e risadas, os desabafos sobre o dia a dia... Embora eu já estivesse acostumada a trabalhar em casa, sempre foi uma opção, não uma imposição. Ser obrigada a ficar, sem poder sair, é horrível para qualquer ser humano. Não nascemos para viver presos.

Em meio a essa loucura toda, eu simplesmente travei. Não dei conta. Um certo dia de setembro de 2020 (não lembro a data certa, mas, se não me falha a memória, foi pouco depois do meu aniversário, dia 3), eu tive uma crise de ansiedade e nervosismo. Não tinha mais estrutura emocional para lidar com tantas demandas, principalmente emocionais. Sentei-me no chão e chorei, chorei como nunca na minha vida. Era um choro incontrolável, colocando toda aquela dor e angústia para fora. Dizem que, quando somos vistos como fortalezas emocionais (aparentes), não recebemos apoio tão constante – as pessoas acham que não precisamos, que saberemos lidar de forma natural. E é justamente o contrário. Sentia-me frágil, vulnerável, sozinha, à mercê de mim e do mundo. Não sabia mais o que fazer. Minhas tentativas de ações práticas não estavam surtindo o resultado que eu imaginava e não sabia mais para que lado ir.

E foi assim, em meio a um labirinto emocional, a uma clausura sem prazo para acabar, que eu tive a intuição de que precisava escrever e revisitar momentos da minha vida como uma forma de lidar com essa avalanche de sentimentos tão conflitivos que aflorou de uma forma extremamente intensa durante a pandemia. Situações, dificuldades, momentos especiais que deixaram marcas profundas em mim. Foi um processo difícil, uma catarse. Chorei muito por tudo o que vivi, por reviver algumas dores (e algumas alegrias também). Mas também chorei de alívio, pois consegui perceber a coragem de mergulhar nas minhas emoções e frustrações – algo que sempre foi difícil para mim.

Compartilho minha história com você, acima de tudo, porque, assim como eu, você também tem feridas, traumas, dores e sonhos – e precisamos enfrentá-los com coragem. Claro que cada pessoa constrói seu caminho, com livre-arbítrio e uma dose de sorte e destino. Mas, no final das contas, temos que assumir a responsabilidade pelo nosso autoconhecimento para nos libertarmos da tristeza e dos carmas e seguirmos rumo a uma vida cada vez mais equilibrada física, mental, emocional e espiritualmente.

É difícil, é doloroso, é angustiante... Em muitos momentos temos vontade de desistir. Mas, assim como eu, você é capaz. É preciso confiar e persistir, porque vai valer a pena. Na verdade, já está valendo. Acredite.

1. O fim é o recomeço

"Já vivemos muitas vezes, estamos com as pessoas certas para ajustarmos os nossos corações e resolvermos os nossos problemas. Na reencarnação, ninguém erra de endereço."
Chico Xavier

A música no trem do metrô me traz lembranças diversas. O refrão (em inglês) diz "você está em minha mente, sempre..." Isso me faz lembrar do seu sorriso doce, dos seus olhos verdes... e de que você está realmente em minhas memórias. Penso nas coisas que pude viver com você, no amor que pude te dar. Ao mesmo tempo, sinto uma mistura de dor, conforto, medo... muitas emoções difusas. Mãe, eu nunca imaginei que sentiria tanta saudade. Hoje estou voltando do trabalho, na linha nova do metrô, cuja construção acompanhamos e sobre a qual gostávamos tanto de comentar. A diferença é que, quando chegar em casa, não vou mais te encontrar para dizer como foi o dia, mesmo que depois você se esqueça, mesmo que eu perca a paciência e depois me arrependa. Aí volto, te dou um beijo e um sorriso. Sempre nessa sequência.

Era segunda-feira, 18 de fevereiro de 2019, e eu acordei com uma sensação estranha, pesada. Estava sob pressão emocional, entre tantas idas e vindas ao hospital, internações, remédios e cuidados alopáticos, mas sempre com muito carinho por toda a equipe médica do hospital. Não podia reclamar de mau atendimento, pelo contrário. O caso da minha mãe havia merecido atenção até do "alto clero" do hospital.

Havia sido um final de semana difícil: minha mãe estava entubada, em coma, há quase uma semana. Chegou a acordar, mas, dois dias depois, teve parada cardiorrespiratória. Os médicos conseguiram reanimá-la no sábado, 16 de fevereiro. Com toda a fé que tenho, eu já estava exausta de tudo aquilo, sem saber mais se pedia a Deus que minha mãe melhorasse ou desencarnasse. Ela de fato melhoraria? Qual seria essa perspectiva, o prognóstico? Seria apenas um paliativo? Eu sabia que qualquer saída seria difícil para mim, mas pedia ao plano espiritual que desse à minha mãe o melhor para ela.

No dia que ela entrou em coma, eu fui ao chão. Nunca imaginei que ver minha mãe entubada, inconsciente... seria algo tão doloroso. Sentia-me perdida. Como assim, minha mãe num sono profundo, incapaz de me escutar? Inerte, vivendo à base de aparelhos, com manchas de picadas e agulhas, com os braços inchados, os cabelos ralos e secos... tão diferente daquela mãe vaidosa e sempre arrumada, que gostava de colocar "um brinquinho e um colar". Ela adorava verde – e quase todo ano, tradicionalmente, eu a presenteava com alguma peça de roupa verde. E ela sempre gostava. Mas ver aquele corpo deitado numa maca de UTI, envolvido por fios e recebendo medicamentos agressivos o tempo todo, desfigurou a beleza da minha mãe. Era outra pessoa, menos minha mãe.

Passadas algumas horas, respirei fundo e decidi que ela estava me escutando. De alguma forma, minha mãe conseguia me ouvir e eu continuaria conversando com ela, como fazia quando ela estava desperta. Minha mãe estava sofrendo, já fazia tempo que não tinha mais vontade de viver. Aquilo me dilacerava o coração, porque era um jeito totalmente diferente de encarar a doença do que o que vivi com a minha avó, mãe dela. A vovó era lutadora, forte, uma matriarca. Exigente e autoritária, é verdade, mas um grande coração. Com minha avó, aprendi valores de gratidão e educação.

Minha mãe era mais sensível e emocionalmente instável, com sintomas de depressão inclusive. Eu a via mais frágil emocionalmente, com mais episódios de agressividade e nervosismo. Quando começou a ter problemas pulmonares mais sérios – causados pelo vício do cigarro por mais de 60 anos –, ela foi desistindo de si mesma. Veio o Alzheimer e a coisa degringolou.

Não tardou para ela começar usar oxigênio e ter dificuldade para respirar e andar. Eu me mantinha firme, forte, confiante, mas realista. Sabia que, de alguma forma, se minha mãe ficasse muito doente e acamada, ela não suportaria.

Depois de dois anos entre consultas com o Dr. Denis, neurologista, e algumas internações, chegou o dia em que ela foi ao hospital e não voltou para casa. Aquele 18 de fevereiro até hoje vem à minha mente. "Senhora Regina", ouvi ao atender o celular, por volta de 9h45, "por favor, venha ao hospital". Eu já estava no táxi a caminho, porque às 10h era o horário de visita da UTI. E sabia que, quando esse telefonema acontecesse, era para me comunicar sobre o que eu previa, mas não estava preparada para ouvir.

Cheguei ao hospital, subi para a sala de espera da UTI e não demorou muito para vir um médico me avisar: "A senhora Elizabeth veio a óbito agora há pouco, infelizmente". Palavras ditas de uma maneira curta, fria e dura, em contraponto àquele turbilhão de sensações que eu vivia naquele momento. Mas o que eu poderia fazer? Era a realidade. Dura e fria realidade. Minha mãe tinha morrido. A palavra "morte" dói na alma. Dá-nos a ideia de separação permanente, de ausência definitiva, de distanciamento eterno. E isso dói para qualquer ser humano.

Eu sentia um misto de alívio pelo fim do sofrimento dela, mas sabia que minha dor seria enorme. Não sei se estava preparada, acho que nunca estamos. Foi um golpe duro para mim.

Naquele momento, no hospital, um ambiente frio e padronizado, é difícil digerir e aceitar. Racionalmente, eu sabia que a morte foi melhor para ela. Por mais complicada que tenha sido nossa relação ao longo de 39 anos de convivência, ela não merecia ter o sofrimento físico estendido por mais tempo. Não era humano. Não era digno.

Mas, no meu coração, eu sentia que seria um processo difícil. Ver minha mãe ali, cheia de fios, aparelhos, se alimentando pela veia, inconsciente, inchada... quase desfigurada por conta do tratamento médico, com tantos remédios, soros, intervenções e procedimentos, é algo surreal. Seus olhos verdes estavam fechados, e eu imaginava que não brilhariam mais.

Os sinais já estavam claros. Naquele mesmo sábado, 16 de fevereiro, algumas horas antes, quando cheguei para a visita da tarde, com minha prima Maria Helena, notamos algo estranho na sala de espera da UTI do hospital. Uma movimentação diferente, um entra e sai de médicos e enfermeiros. Nós nos olhamos e pensamos no pior. Depois de horas de uma espera angustiante, o médico intensivista surge na porta da UTI. Eu já era uma figura conhecida pela equipe.

– Senhora Regina, sua mãe teve agora uma parada cardiorrespiratória, ficou cerca de três minutos sem o coração funcionar, mas conseguimos reanimá-la.

Olhei para o médico, olhei para a minha prima. Não sabia se comemorava essa "melhora" ou se lamentava o fato de que o sofrimento da minha mãe só se estendia. Em um momento de revolta, questionei o médico se aquilo era realmente necessário.

– Doutor, entendo que, como médico, você tenha que ir até as últimas tentativas. Mas existe um prognóstico de recuperação? O que significa "evolução" do ponto de vista clínico?

– Olha, Regina, não temos como prever. Não dá para dizer que ela vai melhorar, acordar, ficar consciente e recuperada. O quadro dela é muito crítico, de infecção generalizada no grau máximo.

– Existe algo que eu possa fazer para aliviar essa situação para ela? – perguntei já desesperançosa de alguma resposta positiva.

– Infelizmente, não. Talvez ela venha a óbito nas próximas horas.

Essa frase reverberou na minha cabeça em um *looping* infinito. Minha mãe estava se despedindo de mim fisicamente. Ao mesmo tempo, eu me perguntava: como aquele médico pode ter sido tão duro comigo? Ser tão direto? Era uma angústia sem fim.

Fui para casa. Quando cheguei, encontrei a Suzy, cachorrinha da minha mãe, deitada na porta da sala, esperando. As lágrimas corriam pelo meu rosto, sem fim. Meu coração estava dilacerado. Ao mesmo tempo, sentia um certo conforto por encontrar aquele animalzinho tão lindo, amoroso, puro de sentimentos ali, fazendo sentinela e aguardando ansioso por mim. Com a sabedoria dos cães, a Suzy já estava se preparando, consciente de que as coisas não seriam mais como eram antes.

2. A dura dor da realidade

"Nem sempre temos a resposta para nossas questões, mas é importante saber se já estamos fazendo a pergunta certa."
Padre Fábio de Melo

No dia em que minha mãe morreu, estava ao lado da minha amada prima Maria Helena. Nos abraçamos, choramos e fomos resolver as burocracias. Quer dizer, eu teria de cuidar de tudo. Ser filha única tem seu ônus, porque somente eu poderia assinar a papelada do óbito e seguir com todos os trâmites burocráticos.

Meus tios logo chegaram ao hospital, e, como era de se esperar, o clima foi de muita tristeza. Era a sensação da família se esvaindo. Minha avó, em 2011; meu tio, irmão da minha mãe, em 2016; e, agora, minha mãe.

Respirei fundo e, como uma autêntica virginiana, fui verificar a papelada necessária. Certidões, documentos, assinaturas... uma série de processos para comprovar que a pessoa realmente morreu. Mesmo eu sendo uma pessoa bastante racional, aquilo era doloroso.

A pior parte é decidir pelo caixão. Como escolher uma urna onde vai ficar o corpo de alguém que não está mais aqui presente? Isso era realmente necessário? O mais bizarro ainda estava por vir, quando chegou o representante da funerária, com um catálogo de caixões para eu escolher. Eu me perguntava: "É real que alguém trabalhe com isso?". Sim, é real, e mais ainda: é um dos negócios mais rentáveis que existem. Afinal, uma coisa é certa: todos nós vamos morrer e, de uma forma ou de outra, precisaremos desse serviço (independente de crenças ou filosofias).

Finalizado o processo burocrático, voltei para casa. Dessa vez, com uma sensação diferente. Um vazio enorme em meu coração. Não tem outra palavra para expressar o que senti.

Ao entrar no apartamento onde morávamos, eu só podia chorar. Olhava cada móvel, cada pedaço daquele espaço, cada copo, prato, enfeite... tudo lembrava minha mãe. Afinal, era o apartamento dela, em que tudo foi escolhido por ela. Eu me sentia grata por ter um teto onde morar, mas ao mesmo tempo sentia uma dor profunda por estar nesse lugar.

As lembranças eram mistas. Tivemos momentos de muito amor, muita troca e carinho, mas vivemos momentos duros e difíceis. Foi uma relação de harmonia construída. Foi um amor construído com o tempo, após muitas brigas.

Certa vez, fomos a um show da Laura Pausini, cantora italiana que eu adoro, em São Paulo. Era por volta de 2008. Eu estava radiante, porque era o show da minha cantora preferida, e vê-la cantando ao vivo sempre me emocionava. Minha mãe não gostava do estilo dela. Eu iria com minha prima do interior, mas de última hora ela não pode vir. Para não perder o ingresso, minha mãe foi.

Chegando ao local do evento, nos sentamos, e logo ela apareceu. Eu me sentia como uma adolescente, com o coração vibrando a cada acorde, a cada som da voz daquela mulher. Minha mãe estava inquieta, incomodada, visivelmente estressada.

– Não gosto dessa cantora. Vou sair, Regina. Fique aí aproveitando e eu vou lá fora.

– Mãe, mas é um show, vamos curtir o momento, toda essa estrutura, essa iluminação, as danças, a voz... é tudo tão bonito, mãe.

– Ah, não dá para mim. Nem sei por que vim, deveria ter deixado você vir sozinha.

Ela se levantou e saiu nervosa. O show que era para ser um momento especial para mim se tornou um suplício.

– Realmente, se não quisesse vir, mãe, não precisava, ninguém te obrigou – me queixei.

– Olha, se arrependimento matasse, Regina... – ela retrucou.

– Mãe, por favor, eu queria muito viver este momento único para mim e você não está me permitindo. Vamos embora.

E assim fomos embora. Não foi uma, nem duas vezes que esse tipo de situação aconteceu. Minha mãe era especialista em me magoar com frases duras e agressivas. E eu era especialista em retrucar. Ao mesmo tempo, sempre fui muito comunicativa, expansiva, alegre e atenciosa com as pessoas com quem convivo. No entanto, minha personalidade extrovertida foi, por muitas décadas, uma cortina para disfarçar emoções e fragilidades que sempre me incomodaram e eu não gostava de falar a respeito. Até a minha adolescência, me sentia muito envergonhada de falar sobre mim, meus medos, erros e até meus sonhos – também porque não me sentia ouvida e amada pela pessoa mais importante (ou que deveria ser) da minha vida: minha mãe.

Ao mesmo tempo, essa sensação de incômodo me impedia de viver na plenitude cada etapa da minha vida. Olhando para trás, vejo que poderia ter sido menos preocupada, menos crítica, menos rígida, principalmente comigo mesma. Poderia ter me permitido mais. Errar mais, amar mais – e me magoar menos. Não que eu tenha tido uma vida infeliz. Pelo contrário. Mas poderia ter sofrido menos, talvez – digo "talvez" porque a gente tem que viver a jornada necessária para a nossa evolução emocional e espiritual. Esse é um processo lento que exige, acima de tudo, autoaceitação. Aceitar fragilidades, mas também qualidades. É um exercício de disciplina diário que eu vou realizar até meus últimos dias aqui na Terra.

No entanto, hoje, consigo sentir um pouco mais de paz interior e alívio, porque aceito melhor que fiz aquilo que podia, o que o meu estágio espiritual me permitia. E exigir muito de si mesmo é autodestrutivo. Pelo menos, foi para mim.

Sempre que queria resolver algo, busquei ajuda, seja terapêutica, seja espiritual, seja com amigos e pessoas próximas da família. Ter um lado racional forte também me ajudou a me manter "no prumo" dentro do possível. Fico imaginando que, se eu não fosse tão racional, meu destino teria sido muito pior – e provavelmente eu nem teria escrito este livro.

3. Resgate do passado

"Então, Pedro, aproximando-se dele, disse: 'Senhor, até quantas vezes pecará meu irmão contra mim, e eu lhe perdoarei? Até sete?'. Jesus lhe disse: 'Não te digo que até sete, mas até setenta vezes sete'."
Mateus 18,21-22

Lembro do último aniversário da minha mãe, que comemoramos em 2018, no dia 10 de março. Minha mãe era do signo de Peixes, com ascendente em Câncer. Emoção pura (para o bem e para o mal). Eu sou Virgem com ascendente em Virgem (bem mais racional, também para o bem e para o mal). Mas nunca neguei minha intuição e meus sentimentos. E foi uma intuição que me fez celebrar o aniversário de 73 anos da minha mãe com uma festa. Algo me dizia que, nos anos seguintes, minha mãe não teria mais memória, por conta do Alzheimer.

Chamei uma profissional de festas que cuidou de tudo com muito carinho – comida, decoração e serviço – e uma grande amiga confeiteira, para fazer docinhos personalizados com o nome da minha mãe. O bolo, então, estava delicioso – chocolate com recheio de brigadeiro e muitos (muitos, mesmo!) morangos na cobertura.

Toda a decoração ficou colorida e alegre, mas suave, como minha mãe queria. Para o "figurino", fomos ao shopping escolher uma roupa nova para esse momento tão importante. Ela escolheu um vestido de tecido leve, uma mistura de algodão com viscose, e uma delicada estampa em vermelho e preto, em um fundo branco. Para completar, não poderiam faltar os acessórios. Minha mãe adorava brincos, pulseiras e colares – nada muito chamativo, mas sempre valorizando sua expressão e a pele morena que destacava seus lindos olhos verdes, que pareciam de vidro de tão brilhantes e transparentes.

No dia da festa, fomos ao salão de beleza, para minha mãe fazer um penteado (geralmente, ela gostava de fazer escova) e manicure. Ela não era extremamente vaidosa, mas gostava de estar arrumada, levemente maquiada, e tinha um estilo mais "comportado" de se vestir.

Da lista de convidados, acredito que compareceram 80% das pessoas. Uma alegria poder reunir a família que ela tanto amava, especialmente a "turma" por parte do meu avô (pai dela, o Ziegler, a quem ela tanto admirava). Tios, primos, amigos... todos juntos celebrando, desfrutando de um almoço saboroso (massa com molhos variados e saladas), tudo de qualidade. Era o que minha mãe merecia e eu queria viver.

Meu coração sabia que não haveria mais oportunidade de celebrar. Era uma sensação muito forte de que ela perderia a memória em uma velocidade tão rápida que provavelmente, alguns meses depois, poderia não me reconhecer mais. Não sabia o que seria mais duro para mim: se minha mãe morresse ou não me reconhecesse mais. No final das contas, seria a morte em qualquer das situações.

A morte da minha mãe aconteceu exatamente quando nossa relação estava em uma fase de harmonia e amor, dadas as devidas proporções que o Alzheimer nos permitia. Mas, mesmo antes do Alzheimer, já estávamos evoluindo muito como mãe e filha. Sempre digo que, nos cinco anos anteriores à morte dela, eu tive uma mãe de verdade.

Digo isso porque minha relação com ela foi muito difícil desde o meu nascimento. Fui concebida em uma situação bastante complicada: minha mãe se envolveu muito rapidamente com meu pai e engravidou. Ao saber da gravidez, meu progenitor (com uma certa dose de ironia aqui, não vou negar) não assumiu a responsabilidade que lhe cabia na situação. Tentei contato algumas vezes e ele, nas oportunidades que conseguimos falar, dizia que eu não era filha dele, que era tudo invenção da minha mãe. Mas esse é um outro capítulo.

A gravidez da minha mãe foi bastante conturbada, pelo contexto e pela dificuldade dela em lidar com a situação. Obviamente, o que relato aqui é com base nos depoimentos de familiares e está sujeito a distorções, justiça seja feita, mas é a fonte que tive nesses anos todos, já que o tema sempre foi espinhoso dentro de casa. Minha mãe negou que estivesse grávida até poucas semanas antes de eu nascer. Minha avó, matriarca por vocação, já estava desconfiada, mas só no final é que resolveu pressionar minha mãe para fazer acompanhamento médico. Como se não bastasse, meu avô havia sido diagnosticado com câncer de garganta. Minha tia, irmã da minha mãe, estava grávida de seis meses do terceiro filho, sem poder fazer muita coisa, a não ser cuidar de si mesma. Tudo isso em 1979, quando a sociedade era muito mais fechada e preconceituosa com mulheres. Ainda mais mulheres solteiras e grávidas, que eram vistas com ressalvas, por mais que a luta pela liberdade feminina estivesse ganhando espaço. Era, portanto, um autêntico roteiro de novela.

Mas a natureza é suprema e dominante. Após pouco mais de oito meses de gestação, minha mãe me deu à luz.

Regina Valente Bueno. Nasci em 03 de setembro de 1979, uma segunda-feira, às 7 horas e 15 minutos. Parto normalíssimo, dizia minha mãe. "Você nasceu em menos de meia hora", ela falava. Posso dizer então que já nasci com alma virginiana: prática e querendo ajudar – afinal, não me sentiria bem se soubesse que minha mãe pudesse ter tido problemas no parto. Bem típico do meu signo.

Por outro lado, sempre foi muito doloroso saber que minha própria mãe negou a gravidez e que eu não fui desejada. À medida que eu crescia, sentia a dificuldade dela em lidar comigo e me apegava cada vez mais à minha avó. Minha mãe negava minha existência e fazia questão de me dizer que eu não havia sido desejada. Ouvi isso muitas e muitas vezes. "Eu não queria que você nascesse. Eu tentei te abortar, mas não consegui." Ouvir isso da própria mãe é uma das maiores dores que alguém pode sentir, talvez só comparável à morte da própria mãe. Ironias da vida.

Tive uma relação conturbada com minha mãe por causa disso. Ela não lidava bem com o fato de meu pai não ter me assumido. Minha existência colocava um holofote o tempo todo para a minha mãe mostrando que ela não tinha sido bem-sucedida em muitos aspectos da vida, especialmente o afetivo. E o roteiro é conhecido: ela descontava toda a raiva de uma vida frustrada em mim, inclusive fisicamente. Sim, apanhei muito, de todas as formas possíveis e imagináveis – tapas, socos, pontapés. Tinha muito medo da minha mãe quando ela ficava nervosa. "Quando será a próxima vez que vou apanhar?" era meu pensamento.

Tudo isso era motivo para questionamento. "Por que minha mãe me bate quando fica brava? Será que ela não gosta de mim? Será que eu sou uma pessoa ruim? Será que não mereço o amor da minha mãe? O que eu fiz pra passar por isso?"

Eram muitas perguntas difíceis sem respostas na cabeça de uma criança nos seus 7 ou 8 anos, uma fase tão bonita quanto difícil para um ser humano em desenvolvimento, descobrindo o mundo, as relações e os sentimentos.

Ao mesmo tempo, encontrava conforto no colo da minha avó. Se não fosse por ela, minha infância teria sido um desastre total. Era ela quem cuidava de mim, me mandava tomar banho, escovar os dentes, comer verdura na hora do almoço... ela foi a mãe "de manual". Fazia de tudo para me agradar, de todas as formas, embora fosse muito exigente, principalmente na questão física. Eu ter dificuldade com o peso, de não estar no padrão aceito socialmente à época, era algo inaceitável para ela – e para boa parte da minha família.

Desde meu nascimento, minha avó cuidou de mim, me deu todo o conforto e carinho, dentro do que ela pôde, nos primeiros anos da minha vida. Tive babá, cuidados de primeira linha, mas não havia muito espaço para o amor. Meu avô morreu 15 dias depois de eu nascer, minha tia teve o terceiro filho dois meses depois do meu nascimento. Ou seja, a família estava procurando formas de se organizar (ou fingir sobrevivência) para dar conta de tudo que acontecia.

Aos poucos, minha avó foi ocupando o lugar que minha mãe não fazia questão (ou não podia, por incapacidade emocional e evolutiva) de ocupar. Isso nos fez construir uma relação de muito amor. Compartilhamos muito. Adorava ficar vendo TV por horas e horas sentada no sofá ao lado dela.

Eu me lembro como se fosse hoje quando assistimos ao filme *E.T.* pela primeira vez, em uma fita VHS, no videocassete, lá no começo dos anos 1990. Eu deveria ter uns 13 ou 14 anos, e o filme já era um clássico mundial, com uma história emocionante e inovadora para a época (até hoje). Como fazia muitas vezes, ficava deitada com a cabeça no colo dela. Eu chorei muito quando vi o filme. Chorava de soluçar. Quando terminou o filme, na hora do "letreiro final" – como a gente costumava chamar – me lembro que levantei a cabeça, os olhos inchados de chorar, tomada pela emoção do filme. Olhei para a saia de linho que ela vestia e me dei conta de que tinha uma grande mancha e estava parcialmente molhada, de tantas lágrimas que escorreram do meu rosto e, por eu estar deitada em seu colo, fizeram daquela saia de linho o anteparo para o meu choro. A saia de linho foi minha acolhida, junto com suas suaves mãos me fazendo cafuné, ainda sem ter percebido quanto eu havia chorado – porque estava chorando em silêncio.

Ela me olhou e disse: "Muito bonitinho esse filme". E eu pensei que ali, naquele colo de uma senhora de cabelos brancos e olhos tão, mas tão azuis que brilhavam... havia um porto seguro para mim. Naquela hora, senti que minha avó era capaz de simplesmente receber minhas lágrimas e minha emoção.

Em paralelo, minha mãe era meio coadjuvante nessa história. Às vezes aparecia no contexto como mãe, às vezes ignorava o papel, porque sabia que minha avó faria o que deveria ser feito. Fui crescendo nesse cenário, morando com minha avó, minha mãe, meu tio Ziegler (irmão mais novo dela) – que tinha o apelido de Guito – e o Allan, filho de criação da minha avó. Éramos em cinco pessoas, mas não havia uma harmonia constante – minha mãe com seus episódios de desequilíbrio emocional, meu tio e sua vida de glutão, beberrão inconsequente, e o Allan, com suas saídas noturnas, mulheres e *gandaia*. Minha tia, que havia sido escolhida para ser minha madrinha, estava às voltas com a criação de três meninos, o que lhe despendia muita energia.

Como uma criança que nasceu em meio a um caos familiar, sem ser desejada e planejada, cresci com muitas questões e dificuldades emocionais que me levaram ao gatilho da comida. Sempre fui uma criança obesa e os conflitos emocionais, rejeição, frustrações e ansiedades eram motivos para que eu buscasse abrigo na comida – chocolate, doces, balas etc. Minha avó brigava muito comigo, me obrigava a fazer dieta, mas nunca adiantava muito. Já passei meses em spas, tomei todo tipo de remédio para emagrecer, fiz dieta do sol, da lua, do mar, do céu, do tipo sanguíneo, do DNA, mas... predominava o chamado "efeito sanfona": emagrecia rapidamente, mas voltava a engordar. Isso não aconteceu uma, mas duas, três, incontáveis vezes. Era um vaivém com meu corpo que me fazia mal não só física, mas emocionalmente. Não conseguia ter uma relação comigo mesma, com meu corpo, de uma forma equilibrada e plena.

Na escola, em plena década de 1980, onde imperava o bullying e o politicamente incorreto, eram frequentes as piadas comigo. A musiquinha *"gorda, baleia, saco de areia..."* que meus primos cantavam para me zombar me doía na alma. Em especial os dois mais velhos, já que o mais novo sempre me respeitou mais.

Cresci com muitas inseguranças e dificuldades emocionais. Eu não conhecia meu pai, que havia me rejeitado; minha mãe tinha um comportamento desequilibrado, descontrolado e até mesmo violento; meus primos me caçoavam pelo meu peso; na escola me sentia a patinha feia. Portanto, se não tinha beleza, precisava compensar, novamente, pela inteligência. Cresci com essa dualidade.

De fato, fiz por merecer. Era uma criança muito inteligente. Sempre a primeira aluna da classe – e me cobrava isso. Afinal, tinha de ter algo para justificar minha presença neste mundo. Se não fosse simplesmente pelo fato de que era bom eu fazer parte daquela família, pelo menos eu poderia crescer e me tornar alguém de sucesso. Uma "miniempresa humana".

Esse era meu norte quando eu comecei a me dar conta de que estava crescendo. Eu precisava "dar resultado" para minha família, provar que o investimento valeria a pena. Como já comentei, era sempre a primeira aluna da classe, a "CDF", caxias, como se dizia na época. Se tirasse menos que 8 de média, eu chorava de raiva, tamanho o nível da autocobrança – e isso com meus 10 anos. Imagine a cabeça de uma criança se pressionando nessa intensidade.

4. Pela estrada eu fui

"Vem, vamos embora, que esperar não é saber
Quem sabe faz a hora, não espera acontecer."
Geraldo Vandré – Pra não dizer que não falei de flores

Foi também nessa mesma época que minha vida deu a primeira grande virada: minha mãe, em um ímpeto, decidiu se mudar para Bauru, onde temos familiares, e me levar junto. Foi um susto. Não queria ir, porque sabia que conviver o tempo todo com minha mãe e ficar longe da minha avó seria muito sofrimento. Eu amava minha avó mais do que qualquer pessoa neste mundo.

Só que não teve jeito. Em dezembro de 1989, minha mãe fez as malas (dela e minha) e me levou para Bauru. Lá ficamos por quatro anos, que valeram por oito, na minha conta.

Não foi totalmente ruim, eu gostava da liberdade que tinha de andar pela cidade, dos amigos, da escola, dos familiares. Mas a relação com minha mãe foi a pior possível. Discutíamos todos os dias. Por qualquer razão. Vale lembrar que eu estava entrando na adolescência e era muito questionadora. Queria entender o que tinha acontecido na época do meu nascimento, por que meu pai simplesmente havia sumido, enfim... como uma adolescente normal, eu queria respostas às minhas inumeráveis perguntas. Mas havia um obstáculo: minha mãe não as respondia quase nunca. "Ah, não sei, pergunte para a sua avó" e "não quero falar sobre isso" eram os "feedbacks" que eu tinha.

Tudo isso me fazia sentir que não era querida e, mais ainda, era inadequada. Que garota petulante, ficar perguntando coisas que incomodam. Menina chata!

Por outro lado, eu tentava, de várias formas, me blindar e me cercar de pessoas que não se incomodavam com meu tipo físico – como se isso fosse um problema; era só em minha cabeça. Fui uma garota persistente: fiz natação, balé, joguei vôlei, dancei... tinha muitos amigos e era a "engraçada" da turma. Afinal, as gordas quase nunca eram as "desejadas" pelos meninos. Devo reforçar: estávamos nos anos 1990, e o bullying ainda não era condenado como é hoje.

Não foram poucos os momentos de brigas com discussões e gritos, meus e de minha mãe. Ela me dava socos e pontapés e dizia sempre que eu era uma garota chata, inconveniente e que se arrependia de ter me deixado nascer. As brigas na maioria das vezes eram por motivos financeiros. Eu não era independente e precisava da minha mãe para tudo, comprar um sorvete, pegar ônibus para visitar amigos, ir ao cinema... e minha mãe não era uma pessoa fácil de se lidar quando o tema era dinheiro.

Ela tinha um apego excessivo à própria conta bancária e nunca foi capaz de me ensinar a lidar com as finanças. Foi uma pessoa mesquinha. Conseguir 10 reais (na época era um dinheirinho bom para uma adolescente de 14 anos passear) era um suplício. "Pra que você quer dinheiro? Você gasta demais" era a resposta-padrão. De um lado, minha mãe, controladora e pão-duro, apegada ao dinheiro mais do que às pessoas. De outro, minha avó, mão-aberta e desapegada – ela inclusive deixava o cartão dela comigo, com livre uso.

Essa relação desequilibrada com o dinheiro obviamente se refletiu na forma como eu lidei com minhas próprias finanças até bem pouco tempo. Hoje consigo lidar melhor e ter um controle do meu orçamento, mas fui muito consumista na adolescência. Quando recebia algum dinheiro, gastava tudo sem pensar. Sem dúvidas esse tema é um calcanhar de aquiles para mim e parte da minha família. O lado bom é que, hoje, aos 42 anos, melhorei muito e sou muito mais equilibrada com minhas finanças – e aprendi muito, lendo, estudando e buscando me disciplinar.

5. Memórias bloqueadas

*"... E a maioria das minhas memórias fugiram de mim
... Ou se confundiram com sonhos."*
John Mayer

A relação conturbada com a minha mãe e a rejeição do meu pai em não assumir a paternidade acabaram tornando minha infância um período muito, mas muito difícil para mim. Eu vivia uma realidade diferente das crianças com as quais convivia e talvez inconscientemente sentisse que minha vida seria assim. Que eu teria de amadurecer sempre na marra. Que não teria zona de conforto nem pausa para as pequenas fantasias da infância. Na verdade, eu meio que me conformei (o que é muito triste para uma criança).

Ao mesmo tempo, era uma incapacidade de entender racionalmente. Somente via à minha frente a perspectiva das dores de problemas familiares tão profundas que, no final das contas, me tiraram boa parte das minhas memórias de infância. Tenho, até hoje, muita dificuldade de me lembrar de fatos e momentos – principalmente felizes – de quando era criança.

Dos meus 3 ou 4 anos, quando a gente começa a formar as referências e memórias, nessa que é a chamada "primeira infância", até meus 9 anos é como se fosse um grande borrão na minha cabeça. Dizem que, à medida que a gente envelhece, fica mais difícil mesmo acessar as memórias antigas. No meu caso, se eu fizer um esforço, pode ser que me venham momentos à mente. Mas até hoje é assim: preciso parar, conversar com alguém, me concentrar, para relembrar esses momentos da minha infância. São memórias que não vêm com facilidade para mim.

Isso é algo que me deixa triste e frustrada, porque a infância é uma fase linda, de descobertas, de fantasia e de riqueza de imaginário. No entanto, para mim, já começou com amadurecimento e racionalidade forçados pelo contexto externo. Não me lembro do primeiro dia na escola nova quando criança, mas lembro quando estava em um escorregador e uma abelha me picou no rosto. E lembro quando torci o pé no gira-gira da escola. De uma forma vaga, lembro também que as professoras gostavam de mim na época da Educação Infantil – eu fui uma aluna do tipo exemplar, atenta, que tirava boas notas e nunca causava confusão, mesmo as típicas de crianças. Tanto que nunca tive a experiência de viver o Papai Noel chegando no Natal, o Coelho da Páscoa deixando os ovos em casa... Na verdade, nunca acreditei em Papai Noel, porque sempre "soube" da história real. Minha mãe, naquela época, jamais se daria ao trabalho de preparar qualquer festa ou ritual para mim. Por mais simples que fossem, mas carregados de significado, teriam tornado minha infância tão especial e criado memórias felizes para mim (acho que toda criança merece isso).

Não precisa ir muito além: minha mãe raramente ia às reuniões de pais (acho que nunca foi) ou apresentações da escola, festinhas, essas celebrações minha avó é que participava, na medida do possível. Para mim, essas datas festivas se tornaram um inferno, porque eu já sabia que ficaria triste. Para se ter ideia, eu morava há menos de 500 metros do colégio e ia de perua escolar, porque ninguém podia me levar, nem a pé. São atitudes aparentemente banais, mas que fazem toda a diferença na vida de uma criança, fortalecendo relações de amor, segurança e afeto. O mais curioso é que, quando somos crianças, não precisamos de muito para sermos felizes. Amor e atenção bastam. No meu caso, sentia que não tinha nem um nem outro. Aos poucos, isso me fez criar barreiras emocionais que me impediam de estabelecer relações profundas e de confiança com pessoas fora do meu círculo familiar próximo.

Na *presença ausente* da minha mãe e na *ausência presente* do meu pai, outras pessoas, além da minha tia e avó, foram ocupando espaços na minha vida. Os agregados, primos e parentes com quem criamos laços muitas vezes mais fortes do que o próprio núcleo familiar. Uma dessas pessoas é a tia Mariza, amiga da minha mãe por 60 anos – e que foi uma das pessoas que mais sofreram com a morte dela. Minha mãe a amava muito, eram muito próximas, e eu cresci com ela perto de mim, além dos seus filhos, Priscilla e Luiz Vicente. Passeamos bastante por São Paulo, em parques, restaurantes ou mesmo em visitas à sua casa – onde tinha um balanço de pneu e uma tartaruga. A tia Mariza sempre lembrou com muito carinho da minha infância, sempre trazendo passagens lindas e repletas de detalhes (é uma boa fonte para exercitar minha memória!).

Nesses passeios que me trazem algumas lembranças felizes, tinha mais gente fazendo parte da minha história e conquistando um espaço enorme em minha vida. A "tia" Sylvinha é uma delas. Apesar de chamá-la de tia de forma carinhosa, ela é prima da minha mãe de segundo grau. Mesmo não sendo minha tia de fato, nossa relação se fez assim, até pela diferença de idade – ela é 20 anos mais velha que eu. Naquela época, no início dos anos 1980, era comum que a gente se referisse às pessoas mais velhas como "tios" (e, pelo que tenho percebido, essa "tradição" se manteve aqui no Brasil).

Quando eu nasci, a tia Sylvinha tinha 20 anos. Jovem, linda, com olhos verdes que iluminavam o caminho e um sorriso perfeito e expressivo, cuidou de mim como se fosse minha mãe. Ela não tinha obrigação nenhuma, aliás, de fazer qualquer coisa por mim. Mas, pela proximidade com minha avó e por conhecer o "jeito" da minha mãe – e seus desequilíbrios emocionais à época –, a tia Sylvia simplesmente me abraçou como uma filha. Trocava minhas fraldas, me dava banho. Era como se aquela bebezinha fosse a sua boneca.

Passei boa parte da minha infância com ela, viajando de São Paulo para Votuporanga e São José do Rio Preto, onde morava parte da família – principalmente as irmãs da minha avó. Eram viagens muito gostosas, de trem – bons tempos! Lembro que saíamos de São Paulo e era um longo trajeto até Rio Preto (de carro eram cinco horas, de trem era quase o dobro), e a tia sempre estava ali, ao meu lado, cuidando de mim.

Passeávamos em Rio Preto e Votuporanga, apesar do calor infernal que faz nessas cidades que tanto amo e tantas recordações carinhosas me trazem. Um dos meus passeios prediletos era ir à sorveteria da rua Amazonas, na região central e comercial mais importante da cidade. A gente sempre parava ali para tomar a chamada "vaca-preta", mistura de sorvete com Coca-Cola, que era uma febre naquela época (tinha versões com guaraná, a "vaca-dourada", e com soda limonada, a "vaca-branca" – coisas dos anos 1980!). Também íamos ao clube para brincar na piscina e nos refrescar do calor infernal que fazia (e faz) naquela região do interior paulista.

Nessa época, inclusive, eu convivia muito com meu primo mais novo, o Ricardo. A gente adorava passear pelo centro, ir ao estádio do Votuporanguense, que era do lado da casa da saudosa tia Zefa (irmã da minha avó Alzira), onde sempre ficávamos hospedados quando íamos para Votuporanga, sempre nas férias de julho. A casa era grande, com muitos quartos, uma sala enorme, uma cozinha muito arejada e ampla. Lembro que na cozinha – como um anexo – havia um quartinho em que a tia Zefa tinha uma espécie de "ateliê" para fazer suas costuras que tanto amava (e era um talento nato dela).

O mais bonito de tudo é que a tia Sylvia sempre me inseriu na vida dela, nunca deixou de cuidar de mim ou me dar atenção. Quando ela se casou, em 1986, eu estava ali sempre perto dela, como uma filha (e olha que minha mãe foi ao casamento também). Quando ela teve o Leonardo, o primeiro filho, em 1987, não me deixou de lado. Eu passava dias com ela e o Carlos (seu marido à época) e adorava ficar lá, ajudando a cuidar do Leo, ainda bebezinho. Tudo aquilo me enchia de amor e me dava a sensação de pertencimento. Até hoje tenho uma relação maravilhosa com a tia Sylvinha e seus dois filhos – o Leonardo e a Bruna, que veio um ano depois (hoje uma mulher linda e multitalentos). Quando penso neles, sempre sinto muito amor.

6. A boa filha a casa torna

*"A esperança tem duas filhas lindas, a indignação e a coragem;
a indignação nos ensina a não aceitar as coisas como estão;
a coragem, a mudá-las."*
Santo Agostinho

Dos meus 10 aos 14 anos – período em que morei em Bauru – meu objetivo era tentar uma brecha para voltar a São Paulo. Já com quase 14 anos, cursando a antiga 8ª série (hoje seria o 9º ano), depois de muito sofrer com a relação difícil com minha mãe, eu decidi que voltaria para minha cidade natal. Quando comuniquei minha decisão para minha mãe, a reação foi a pior possível, obviamente. "Você pode voltar, mas não conte mais comigo para nada. A partir de agora, não pago mais nada para você. Maldita hora em que você nasceu, só para me dar dor de cabeça. Devia ter te abortado, não sei por que não fiz isso."

Foram frases duras que ouvi da minha mãe e que me dilaceravam o coração. Com 14 anos, eu não tinha entendimento para me aprofundar nesse nível de compreensão. Então, era muito difícil não ter uma percepção negativa dela e me questionar, o tempo todo, o que eu poderia ter feito de tão ruim para merecer uma mãe tão horrível, tão insensível, tão agressiva.

No fundo, eu só queria ter uma vida em paz, com minha avó amada, meus amigos, estudar, me divertir, como qualquer adolescente de 14 anos. Mas já me via em um estágio de maturidade que não me deixava ser tão leve e fluida assim, tendo que tomar decisões muito duras e profundas para uma garota que se sentia totalmente fora do seu esquadro social e familiar.

Avisei minha avó sobre minha decisão e ela, como a mãe que sempre foi para mim, me acolheu imediatamente. "Pode vir, Tuquinha (era como ela me chamava), que damos um jeito aqui. Sem escola e comida você não vai ficar."

Arrumei minhas malas, peguei um ônibus e vim embora para São Paulo. Naquele momento, foram as quatro horas mais difíceis da minha vida. Olhava pelo vidro do ônibus a estrada, a paisagem, e pensava se havia esperança de, algum dia, eu me dar bem com minha mãe. Não conseguia entender por que as coisas eram como eram. Por que minha mãe me tratava assim, com tanta agressividade? Por que ela não me validava como filha? Será que eu atrapalhei tanto a vida dela a ponto de prejudicá-la, de tirar dela a possibilidade de conquistar seus sonhos? Por minha causa, ela era infeliz?

Eu tinha minhas questões, claro. Não era santa. Era respondona, questionadora demais... não perdia uma oportunidade para provocar até cansar. Talvez fosse uma defesa instintiva, até mesmo um comportamento vingativo. "Ah, você me trata assim, mas eu também sei ser chata." Mas, no fundo, eu amava minha mãe e queria ficar bem com ela, porque sentia uma dualidade: ao mesmo tempo em que ela descontava em mim toda a sua ira e frustração, ela também me amava. De um jeito doentio e desequilibrado, mas algo de bom havia. Essa contradição era difícil de lidar e sentir. Como podia amar alguém que me maltratava tanto? Como alguém que me maltratava poderia me amar? Amor não combina com violência física ou psicológica.

No entanto, tive que voltar a São Paulo. Na verdade, não sei se tive, acho que fui mais levada pela intuição e pelo desgaste emocional que já vivia naquela época. Sabia que deixar Bauru, no entanto, teria suas consequências, como qualquer escolha. Lá eu tinha liberdade para sair, andar, encontrar os amigos. Tinha um convívio próximo com os professores do colégio, com os familiares. Tinha uma certa independência que o interior me proporcionava, pelo menos naqueles tempos (de 1990 a 1993).

Em São Paulo não sei como seria a recepção da cidade, como enfrentaria aquela metrópole. Por mais que eu fosse visitar minha avó com certa frequência, não estava mais vivendo em São Paulo, havia passado a adolescência em Bauru, como uma cidadã do interior, com outras referências. Mas decidi arriscar, porque não dava mais para brigar todos os dias com minha mãe por motivos quase sempre idiotas e, ainda, me sentir sempre com medo da próxima discussão ou de quando ela teria um ataque de agressividade por qualquer coisa que eu falasse que a deixasse contrariada.

Voltar para São Paulo talvez tenha sido a decisão que mais transformou minha vida, que mudou definitivamente meu destino. A tecnologia começava a entrar em nossas rotinas, e estar na capital era um alívio para mim, porque eu via um mundo novo se abrir para mim. Não tinha a minha mãe por perto, mas confiava que teria oportunidades, que poderia crescer como pessoa, enfrentando as adversidades de uma cidade grande, com novos amigos, nova rotina, novos olhares para a vida.

De certa forma, assim foi. No primeiro dia de aula na nova escola, onde meus primos haviam estudado também, já notei diferença. No começo, foi meio estranho, porque me sentia intimidada pelas "meninas da capital". Mas, logo nos primeiros dias, fui conhecendo as pessoas e criando afinidades.

Uma das minhas novas amigas foi uma garota muito simpática e divertida, que já se apresentou de um jeito diferente.

– Oi, tudo bem? Eu sou a Nani. Legal você vir estudar aqui!

– Oi, Nani, muito prazer. Sou Regina. Vim de Bauru, mas sou daqui de São Paulo. Voltei a morar aqui na cidade.

– Que legal! Bem-vinda! Você vai gostar do colégio.

A Nani se tornou uma grande amiga na nova rotina escolar, e é minha amiga até hoje. Livre, alegre, decidida... uma sagitariana autêntica, com quem vivi momentos muito felizes. A Nani é dessas amigas parceiras, sabe? Se você está doente, ela vai até a sua casa te levar sopa. Se você quer sair para o bar, ela é a primeira a topar. Se bem que, na maioria das vezes, ela é quem organizava os "rolês". Sempre foi muito compreensiva comigo e nunca me criticou pelas minhas dificuldades. Pelo contrário, sempre me deu forças para enfrentar e seguir. Uma amiga de verdade.

Fiz grandes amigos em Bauru também, devo dizer. Foi uma fase importante, porque estudei em bons colégios, aprendi a tocar teclado, treinei vôlei no Bauru Atlético Clube. Tinha meus momentos de adolescente. Mas o fato é que, depois da aula, depois de passear com os amigos, eu tinha que voltar para casa. E nem sempre o ambiente era dos mais equilibrados. Eram muitos conflitos com minha mãe, que eu queria resolver, mas não sabia como. A distância, nesse caso, foi minha opção mais radical, mas a mais efetiva. Eu tinha sonhos, queria crescer, estudar, "ser alguém na vida".

Curiosamente, no colegial, fui uma boa aluna, mas um pouco mais relaxada na autocobrança. Até porque as matérias eram mais difíceis. De qualquer modo, ainda era uma das primeiras da classe, para manter o hábito! No terceiro colegial (equivalente ao último ano do Ensino Médio atual), chegava a hora de me inscrever para o vestibular. Como sempre fui muito comunicativa, curiosa e questionadora – e tive a inspiração da minha tia –, não tive dúvidas: queria ser jornalista. Tinha a ver também com a necessidade que eu tinha de investigar sobre minha própria vida.

7. A vida adulta chegando...

"Para cultivar a sabedoria, é preciso força interior. Sem crescimento interno, é difícil conquistar a autoconfiança e a coragem necessárias. Sem elas, nossa vida se complica. O impossível torna-se possível com a força de vontade."
Dalai Lama

Entrar na universidade foi o primeiro momento em que, de fato, me senti mais livre. Era como se, de alguma forma, a vida começasse a ter mais sentido. Eu poderia estudar o curso que escolhi, seguir uma profissão e começar a caminhar com minhas próprias pernas.

Muito além do prazer que eu tinha de estudar, frequentar as aulas, estava a possibilidade de começar a construir minha independência financeira e emocional. Foram quatro anos de novos conhecimentos, novas amizades, novas perspectivas. Eu conheci muita gente, inclusive com pensamentos opostos aos meus, e isso tudo era enriquecedor e maravilhoso para mim.

Era bom poder ir sozinha para a faculdade, ainda que eu demorasse duas horas de ônibus para chegar, em uma época em que o metrô era (ainda mais) reduzido. Foi ali que eu tive um pequeno entendimento de que poderia galgar novos passos, crescer profissionalmente e me tornar uma pessoa capaz, útil para a sociedade. Tudo isso me fascinava.

Já no primeiro ano, fui trabalhar como assistente de produção no programa de rádio da minha tia – uma das minhas inspirações para me tornar jornalista. Foi um ano de muito aprendizado e boas risadas. Eu e minha tia sempre nos demos muito bem e ela foi uma pessoa presente ao longo da minha infância e adolescência, sempre me aconselhando e me orientando, inclusive espiritualmente. Existe uma conexão entre nós que eu sei que é muito anterior à existência atual, e minha tia veio para ser minha orientadora neste quesito: em mostrar a importância de termos fé, de praticarmos a fé, com disciplina e confiança. Acima de tudo, o valor da prece, das orações e do conhecimento espiritual.

Meu início na vida espiritual, aliás, foi bem inconstante. Quando morei em Bauru, para agradar à família, estudei catecismo e fiz a tradicional primeira comunhão, para a alegria da minha avó e da minha mãe. Eu gostava do catolicismo, mas não respondia às minhas grandes questões: por que nasci nesta família? Por que meu pai não me assumiu? Por que minha mãe era daquele jeito? Por que eu era assim? Era tudo muito misterioso para mim. E se tinha algo que sempre me incomodou, que me irritou na vida, era não ter respostas. Eram os mistérios da vida, as questões profundas que não tinha como entender racionalmente. Será que o conhecimento espiritual, de alguma forma, resolveria minhas questões pessoais? Acabaria com meu sofrimento pela relação conturbada com a minha mãe?

Poderia enumerar infinitas perguntas. Questionar foi sempre uma das minhas maiores virtudes e defeitos também. Foram muitas as vezes que perguntei a minha mãe, minha avó, meus tios e meus primos sobre meu passado. Sempre obtinha respostas evasivas e sentia que faltavam peças no quebra-cabeça da minha própria vida. E nem sobre a vida, sobre banalidades. Chegava para a minha mãe, com meus 7, 8 anos, quando a criança quer saber sobre tudo, e falava: "Mãe, o que significa quitar um pagamento?" (quando a escutava reclamar das contas). A resposta vinha curta e grossa: "Ah, Regina, sei o que é, mas não sei explicar. Você e suas perguntas, tenha santa paciência!". Aos poucos, fui entendendo que não adiantava nada perguntar às pessoas, porque cada um responde como quer e pode. Muitas das perguntas que eu fazia tiravam as pessoas da zona de conforto. Mas eu precisava de respostas.

Já no segundo ano da faculdade, infelizmente o programa da minha tia não continuou, e eu fiquei um tempo sem trabalhar. Até que, em meados daquele mesmo 1998, depois de procurar emprego e passar por algumas entrevistas, fui chamada para ser estagiária em uma editora de revistas de decoração e arquitetura. Uma grande escola, com a jornalista renomadíssima Cristina Duarte (*in memorian*), que eu via como uma referência. Foi um momento de aprendizado, alguns sofrimentos e boas risadas, como é típico na rotina do mundo da comunicação.

Passei por outros estágios, até concluir o curso de Jornalismo em dezembro de 2000. No ano seguinte, fui contratada como trainee para trabalhar na revista Crescer, da Editora Globo. Aquilo era um sonho para mim. Estar em uma revista conhecida nacionalmente, em uma empresa estruturada... Os primeiros meses daquele longínquo 2001 foram incríveis, de aprendizados incontáveis, em especial com duas editoras que marcaram meu primeiro ano como profissional, Paula e Tatiana. Na época, a diretora da equipe era a Vera, uma libriana que era puro amor e equilíbrio. Havia também minha colega trainee, a Solange, minha parceira inseparável naquele início de vida profissional. Todas elas foram muito importantes, não apenas pela competência, mas pela acolhida com que me receberam no dia a dia de trabalho, contrariando a lógica de que o mundo profissional precisa ser frio. Há espaço para amor, carinho e afetividade nas relações de trabalho (mas isso é tema para outro livro...).

Foi curioso eu trabalhar em uma revista sobre família, gestação, mães... em um momento tão turbulento das minhas relações pessoais, especialmente com minha mãe. Como tudo na vida tem um propósito, abracei aquele emprego com vontade de aprender, mas me deparava com algumas zonas de conflito, porque convivia com profissionais que eram mães incríveis e falavam com alegria e plenitude da experiência da maternidade. Entrevistava médicos, psicólogos, além de pessoas comuns que se tornaram personagens das reportagens (como chamamos, no jornalismo, quem entrevistamos para dar depoimento e ilustrar alguma reportagem, e trazer um viés mais prático e real para um determinado conteúdo). Buscava novidades em produtos e serviços para mães, crianças e famílias em geral. Em muitos momentos, me parecia contraditório falar de família sendo que a minha era uma loucura. Mas talvez tenha sido essa mesma a intenção da espiritualidade quando me colocou essa oportunidade no caminho.

Lembro bem uma vez em que fui ajudar uma das editoras em uma matéria sobre questões médicas do parto e me pediram para buscar um médico para dar dicas, orientações específicas do preparo para esse momento. Fui atrás de um médico, Dr. Carlos, porque sabia que ele tinha feito o parto da minha mãe quando nasci. Consegui agendar com ele.

No dia da entrevista, estava supernervosa, imaginando se ele me reconheceria. Cheguei ao consultório conformada de que seria muito difícil um obstetra se lembrar de tantas pessoas que colocou no mundo, ainda mais uma jovem que havia nascido 21 anos antes daquela entrevista.

Curiosamente, logo no começo da conversa, quando citei o nome da minha mãe e comentei que ele havia feito o "meu" parto, ele não demorou em responder: "Sim, me lembro de você e da sua mãe, Regina. Lembro inclusive que neste dia eu pedi à sua família que ficasse com você, porque sabia da história da sua mãe, mas sua avó não autorizou". Se foi verdade ou não, nunca saberei, porque obviamente minha avó e minha mãe nunca confirmaram com firmeza. Quando perguntava qualquer coisa a respeito do meu nascimento, da reação do meu pai à minha chegada ao mundo, recebia alguns silêncios e respostas evasivas. "Não gosto de falar disso, Regina", "Lá vem você com essa história de novo", e por aí vai. É claro que não devia ser nada agradável falar disso, mas se trata da minha origem biológica e eu tinha o direito de saber. No entanto, vivi muitos anos nesse dilema entre meu desejo de conhecimento da minha própria história e o receio de desagradar a família, especialmente minha avó, que era muito reticente com qualquer tema ligado ao meu pai.

No final das contas, nunca soube de fato se essa história do médico é real ou não. E, mais uma vez, como minha vida nunca tinha muito espaço para zona de conforto (pelo menos era a percepção que eu tinha), uma mudança na gestão mudou também meu destino no trabalho e fui demitida no final daquele mesmo ano, em uma das famosas "reestruturaçoes de quadro de funcionários". Aquilo para mim foi um balde de água fria, gelada, congelada... Foi minha primeira grande frustração no trabalho. Tinha a sensação de fracasso pleno e absoluto – exageros da juventude, mal sabia eu.

Poucos meses depois, me recoloquei no mercado e voltei a trabalhar com a querida Solange, em uma editora de revistas de paisagismo e decoração. Lá passei bons anos, até que decidi sair para ficar um tempo como *freelancer* e tentar novas alternativas. Foi meu primeiro grande salto no escuro, em que eu tomei coragem e me arrisquei. Foram anos produtivos –

embora eu não fosse muito disciplinada com horários de trabalho. Ampliei minha rede de contatos, trabalhei em outras empresas, até chegar, em 2009, à agência onde passei a maior parte da minha vida profissional. Foi minha experiência mais enriquecedora, mas também a mais difícil, em que tive contatos com pessoas de diferentes personalidades, fui testada em minha coragem e força e ainda conquistei bons amigos. Fiquei até 2014, quando, novamente, decidi voltar a ser autônoma, nessa época com 32 anos e um pouco mais segura para enfrentar a vida profissional de forma independente. Foram anos de muito crescimento e aprendizado. Curiosamente, algum tempo depois, em 2017, fui convidada a retornar à agência e voltei com muita alegria.

8. Uma luta sem vencedores

"Quando a solidão doeu em mim
Quando meu passado não passou por mim
Quando eu não soube compreender a vida
Tu vieste compreender por mim."
Padre Fábio de Melo

Dos 20 aos 30 anos, acredito que passei por grandes desafios profissionais que me impulsionaram. Entrevistas de trabalho, contatos profissionais e uma série de dificuldades do mundo profissional que se impunham e me faziam crescer. Por mais que eu confiasse em minha capacidade, ainda sofria com inseguranças, por achar que não tinha "malícia" ou "esperteza" suficiente. A realidade nunca parecia suficientemente boa para mim, sempre me cobrava ser melhor. Paralelamente, eu mantinha algum nível de estudo espiritual, o que me dava forças para seguir em frente e buscar um pouco de relaxamento.

Nessa época, operei a miopia, com 22 anos, e fiz cirurgia bariátrica, aos 28 – experiência que foi boa nos primeiros anos, mas da qual hoje me arrependo um pouco: foi um procedimento muito invasivo, e as técnicas da cirurgia não eram tão modernizadas como atualmente. Sofro até hoje com algumas dificuldades para comer (na verdade, para engolir, preciso sempre tomar água com a comida para "empurrar", porque meu esôfago já não funciona tão bem, porque perdeu a chamada motilidade, que é a capacidade de fazer movimentos musculares que levam a comida para o estômago).

Essa foi uma luta constante em minha vida: emagrecer, emagrecer, emagrecer. Estar bonita para as pessoas. Usar roupas da moda. Minha família me pressionava bastante nesse sentido, em especial minha avó e minha tia (ninguém é perfeito...). Passei a adolescência e a juventude tentando me encaixar em padrões, fazendo dietas e passando privações que hoje considero desnecessárias. Mas, naquele momento, era o que eu podia – e conseguia – fazer.

Em casa, nunca fui estimulada pelo que eu era por parte da minha avó e minha mãe. As cobranças eram duras nesse sentido. "Você precisa emagrecer, onde já se viu, estar gorda assim? Você não tem vergonha?" Minha tia também cobrava, mas, ao mesmo tempo, ela valorizava minhas qualidades e sabia da dificuldade que era para mim a luta contra um padrão considerado inaceitável.

Tomei coragem, fiz a cirurgia. Emagreci 45 quilos, estava muito bem fisicamente. Mas existe uma coisa chamada equilíbrio emocional, que não se obtém por meio de cirurgia física. É uma característica, um estado, que depende de um grande esforço individual, disciplina, para entender, compreender, aceitar e digerir as emoções. E isso nunca foi algo fácil para mim.

Em paralelo à cirurgia, fiz terapia de acompanhamento, mas não me sentia adequada. Não achava que aquele corpo era o meu. É muito difícil se aceitar quando você cresce com distúrbios de autoimagem. É como se o tempo todo eu precisasse me provar e provar aos outros que eu era válida, que eu merecia atenção... como um selo de qualidade comprovada!

Hoje tenho algumas sequelas, não por conta da cirurgia, mas pelas decisões equivocadas que tomei nesse "descuido" com minha saúde física. Estou longe de ser um exemplo de alimentação saudável e autocuidado, mas estou cada vez mais atenta ao que como, à quantidade e qualidade do que como. Acredite: mesmo hoje, com tanta consciência, tanta terapia, ainda é difícil para mim. Acho que sempre será. Afinal, todo mundo tem seu calcanhar de aquiles. No meu caso, é a comida. Vou viver com isso, lidando com essa dificuldade e aceitando que é um ponto de fragilidade emocional, e vou me cuidar da melhor forma possível, sem loucuras, devaneios, remédios e procedimentos invasivos e radicais. A vida precisa seguir de uma forma mais equilibrada e tenho confiança de que estou, a cada dia, mais perto desse objetivo.

9. A ilusão da zona de conforto

"Pane no sistema
Alguém me desconfigurou
Aonde estão meus olhos de robô?
Eu não sabia, eu não tinha percebido
Eu sempre achei que era vivo
Parafuso e fluido em lugar de articulação
Até achava que aqui batia um coração
Nada é orgânico, é tudo programado
E eu achando que tinha me libertado."
Pitty – Admirável Chip Novo

Eu lutava para resolver minhas inseguranças e inconsistências emocionais enquanto tentava entender e buscar melhorar a relação com minha mãe. Em meio ao turbilhão da minha volta a São Paulo, eu precisava lidar com todo aquele novo universo de colégio, amigos, inclusive família, para me reinserir, e ao mesmo tempo tentar, de alguma maneira, manter uma relação minimamente saudável com minha mãe.

Passamos alguns anos em um estado meio de "hibernação", logo que voltei para São Paulo. Eu não fazia questão de conversar muito com ela, e ela não era muito hábil em puxar assunto e tentar criar alguma harmonia entre nós. Brigávamos, ela me cobrava o fato de eu tê-la deixado, e eu sempre retrucava que era impossível conviver com ela. Sem exageros, não éramos capazes de desenvolver dez minutos de conversa sem discutir. Eu me sentia carente, abandonada, revoltada, emocionalmente instável. Minha mãe me jogava na cara toda a frustração com ela mesma e com minha existência e fazia questão de reforçar sempre o que ela já tinha gastado comigo. Aquilo me irritava e me envergonhava.

Como para tudo existe algo de positivo, foi esse o início de uma grande virada em nossas vidas. Minha mãe ficou em Bauru ainda por uns bons anos, depois que saí de lá. Até que ela começou a sentir que estar sozinha podia ser bom, mas não longe da própria filha. Acho que a separação começou a surtir efeito. Não que ela tivesse mudado completamente. Os traços de agressividade, nervosismo e neuroses permaneciam, mas ela começava a demonstrar um desejo de mudança.

Um dos primeiros passos que demonstraram isso foi a decisão dela de mudar para Atibaia – não me pergunte o porquê, já que não temos qualquer conexão com a cidade. Dizia ela que era pelo clima e por ser uma cidade pequena. Minha mãe nunca foi muito fã de cidade grande, ao contrário de mim. Mas o fato é que ela vendeu a casa de Bauru e comprou uma casa afastada em Atibaia, por volta de 2001. Passei a frequentar esporadicamente o local, já que ficava próximo a São Paulo. Mas ainda não sentia que era uma relação entre mãe e filha de fato. Não me sentia confortável com ela. Era como se fôssemos almas estranhas uma à outra.

Foi quando em um dia de 2003, de repente, em uma conversa com minha mãe, ela "decide" contar que havia sido diagnosticada com câncer na bexiga e precisaria passar por uma cirurgia complexa de retirada do órgão e construção de uma neobexiga a partir do intestino delgado, a qual teria um funcionamento totalmente diferente do órgão em seu estado original. O tumor era pequeno, cerca de 1,5 cm, mas já havia invadido uma segunda camada da bexiga e, por isso, a curetagem não solucionaria o problema. Detalhe: ela deu a notícia já "anunciando" que faria a cirurgia em Atibaia, com seu médico urologista, e que já estava tudo combinado.

– Quanto tempo dura a cirurgia, mãe?

Ela respondeu sem pestanejar:

– Em torno de oito horas.

Pensei: "A vida realmente não é para amadores. Vamos lá".

A cirurgia, na prática, durou impressionantes 12 horas. Foi um misto de medo, desespero e confiança de que minha mãe se recuperaria. "Ainda temos contas a acertar entre nós", eu pensava. Mas, ao mesmo tempo, quem era eu para saber dos desígnios da vida? Ninguém. Nada.

Por uma dispensação dos céus, minha mãe se recuperou bem. Ficou alguns dias na UTI e surpreendeu os próprios médicos do hospital, dada a rapidez com que teve alta. Foi aí que começou a grande transformação na vida dela. Por conta da cirurgia, minha mãe nunca mais teria o mesmo sistema urinário: precisaria fazer sondagem duas ou três vezes por dia para alívio. E não sentiria mais a famosa "vontade de fazer xixi", porque a nova bexiga, construída a partir do intestino, não teria essa capacidade. Sem contar que a retirada da urina com sonda era um foco frequente de infecção, por mais que o procedimento fosse feito com todo o cuidado e higiene.

Foi a primeira vez que vi minha mãe enfrentar uma situação com coragem e resiliência. Ela aceitou tão bem a situação que às vezes eu me perguntava se aquilo tudo tinha acontecido mesmo com ela.

Nessa época, saí da editora onde trabalhava para ficar com minha mãe um tempo em Atibaia e aproveitar para fazer *freelas* – como se chamam os trabalhos de jornalistas autônomos. Foi uma decisão difícil, mas, nessas horas, meu lado racional me puxava para tentar fazer a melhor escolha. Ser racional, embora vinculado à frieza e falta de sentimentos, não é bem isso. Ser racional é parar, respirar, analisar o contexto de forma a ter uma visão ampla que te permita decidir com mais calma. Mas não significa não sentir. Muito pelo contrário. As emoções fazem parte da nossa essência. E, muitas vezes, uma decisão racional tem como ponto forte da balança justamente o fator emocional, o sentimento do outro que está envolvido na história. Não é contraditório nem paradoxal. É tentar olhar em perspectiva e sair do centro do turbilhão quando a gente está no meio dele. Difícil, mas necessário.

10. Conversas com minha tia

"Vou te contar
Os olhos já não podem ver
Coisas que só o coração pode entender
Fundamental é mesmo o amor
É impossível ser feliz sozinho."
Wave – Tom Jobim

Com o passar dos anos, as experiências, os traumas e o sofrimento, fui aprendendo que não contar com uma estrutura familiar que a sociedade convencionou chamar de tradicional não significa que a pessoa não seja amada e protegida. Curiosamente, eu nasci em uma família tradicional, tipicamente paulistana – avó, avô, filhos e os agregados. Além de funcionários para ajudar a cuidar da casa. Toda essa aparente estrutura tão convencional existia só na teoria. Na prática, a história é diferente, e eu só fui descobrir já na adolescência – como já comentei, minha família nunca foi muito aberta para compartilhar segredos e dores ocultas.

Minha avó era a caçula entre dez irmãos. Casou-se primeiro no civil com meu avô, no início da década de 1940, e, alguns anos depois, decidiram se casar no religioso. Minha mãe chegou a comentar algumas vezes que foi à cerimônia religiosa do casamento dos pais, o que me pareceu sempre algo pouco convencional em uma época tão conservadora.

Obviamente que, se eu tivesse descoberto esse dado relevante, teria utilizado com mais frequência nas discussões e cobranças familiares, especialmente na adolescência. Talvez por sorte ou proteção divina, fui saber desse pequeno segredo um pouco mais tarde. Foi providencial, creio eu, para me trazer um certo alívio de que todo mundo erra. Até a minha avó, que eu tanto amava e idolatrava. Mesmo com tanto amor, eu sentia que ela exagerava nas cobranças comigo em relação ao meu corpo, à minha vida pessoal, sentimental e sexual.

Eu sabia, no fundo, que nunca seria compreendida, especialmente na questão de relacionamentos, porque minha avó, nascida em 1917, criada com mais nove irmãos em uma fazenda no interior de São Paulo, vinha de uma família totalmente "das antigas", tradicional e que não tinha uma visão aberta da realidade. Isso se somava ao perfil já conservador da vovó, que não era muito dada a demonstrações de carinho, abraços e afetividade. Isso era tido como fraqueza e fragilidade. Mas para mim, criança e adolescente, foi difícil entender e aceitar que eu pensava e sentia de um jeito que não era compreendido no meu próprio lar.

Talvez por isso, também, minha relação com minha tia fosse mais aberta e profunda. Mesmo na minha adolescência, com meus 13, 14 anos, sempre conversávamos sobre os embates familiares, minhas dificuldades emocionais, a relação conflituosa com minha mãe, em um ambiente de muita compreensão.

Minha tia sempre foi mais honesta com seus sentimentos e até falhas, e isso, de certa forma, me trouxe um contraponto real de que as pessoas que amamos têm seus conflitos. Como escritora e jornalista, minha tia tinha (e tem) um jeito direto, profundo, amoroso e genuíno de falar sobre temas espinhosos da vida, que nem todo mundo quer tratar. E essa convivência com ela me ajudou a trazer um pouco mais de profundidade e coragem para enfrentar meus próprios desafios internos e limites emocionais.

Quando saí de Bauru e voltei para São Paulo, me reconectei muito fortemente com minha tia. Era como se realmente precisássemos desse novo momento juntas. Ela sempre teve paciência comigo e, principalmente, amor. Foi esse amor que fez com que ela também me olhasse com compaixão e soubesse do sofrimento que eu vivia com minha mãe. Ela me inspirava, me incentivava a ter uma vida equilibrada, a ter uma rotina de alimentação, de atividades físicas, de práticas espirituais. Quantas e quantas vezes saímos juntas, tomamos lanche no shopping. Eram momentos maravilhosos, porque tínhamos gostos muito parecidos, apesar de personalidades tão diferentes.

Hoje, olhando para trás, entendo que minha tia foi o ponto de equilíbrio na balança entre as cobranças da vida material e real (minha avó) e a busca pelo crescimento e desenvolvimento emocional e espiritual, que ela sempre reforçou. Minha tia – que é também minha madrinha – foi realmente um "guru" espiritual para mim e continua sendo até hoje. A presença dela em minha vida com certeza me deu muita força para enfrentar uma série de problemas com mais coragem, porque, de alguma forma, eu sabia que não estava sozinha – ainda que me sentisse assim.

11. A figura masculina

"Um homem não pode fazer o certo numa área da vida enquanto está ocupado em fazer o errado em outra. A vida é um todo indivisível."
Mahatma Gandhi

Com a ausência da figura paterna em minha vida, eu cresci com dificuldades reais de lidar com os homens. Por mais que convivesse com meus tios, eles tinham as questões deles, a vida deles – e não poderiam dar a atenção que um pai daria. Faz parte. Meu tio e padrinho, marido da minha tia, foi o que mais se esforçou para me orientar em temas como disciplina, foco, a importância da força do trabalho. Mas nenhum deles entrou em searas mais emocionais ao longo da minha infância e adolescência. Meu tio e padrinho, por impossibilidade plena, com três filhos, trabalhando intensamente como empresário. Meu tio de sangue, irmão de minha mãe, por incapacidade emocional, e meu tio adotivo, que morava conosco (minha avó havia adotado dois irmãos ainda pequenos), por despreparo completo.

Logo, cresci com referências femininas muito fortes e masculinas mais frágeis, algo que, ironicamente, não fazia sentido em minha cabeça. É bom lembrar que estávamos nos anos 1980, uma época ainda muito machista e com a mulher com o papel de ser a dona de casa, mãe e cuidadora, mas já trabalhando fora e acumulando jornadas duplas ou triplas de trabalho. E o homem com o papel de ser o "lobo de Wall Street" – na minha cabeça. Claro que muitas mulheres trabalhavam e eram chefes de família, mas o rescaldo de épocas anteriores ainda existia.

Era o tempo do politicamente incorreto, das verdades ditas sem meias palavras em todos os âmbitos da sociedade, de um cenário brasileiro de fim de ditadura e início da democracia, da indústria em uma fase avassaladora na vida de todos nós e do início da epidemia da AIDS. Portanto, sou da famosa "geração perdida" dos anos 1980.

Cresci com uma dualidade muito grande entre minhas questões internas e familiares e o mundo "lá fora", especialmente sobre o papel do homem na educação de uma criança do sexo feminino. A ausência de pai me trouxe muitas dúvidas sobre minha capacidade real de desbravar, lutar, conquistar e, acima de tudo, me relacionar. Foram anos intensos em minha mente, até eu entrar na terapia e, finalmente, começar a enfrentar e transformar essas questões.

Em Bauru, por exemplo, tive a famosa paixonite da adolescência, mas nunca tive coragem de me declarar ou abrir o jogo para o garoto. Imagina a perspectiva de levar um não – seria o fim para mim. Além das dores da desilusão típicas da adolescência, eu também sofria pela falta de amparo da minha mãe. Ela nunca chegou a conversar comigo, naquela época, sobre como lidar com os meninos, como me posicionar... primeiro porque ela não era exatamente um bom modelo de relacionamento para mim. Segundo, porque lhe faltava paciência para conversar. Não foi o tipo de mãe que se dispunha a explicar as coisas com amor e compreensão pelo momento que eu vivia, o que aumentava a minha dor e a dificuldade de me aproximar e me conectar com ela. Eu só queria sair de Bauru e voltar para a casa da minha avó – não que a vovó fosse uma confidente, mas, ao menos, ali eu me sentia um pouco mais querida.

O fundo disso tudo sempre foi a *não relação* com o meu pai. Cheguei a contatá-lo por carta e telefone, mas ele sempre dizia que eu não era filha dele e que tudo havia sido uma loucura da minha mãe. Ele questionava inclusive a integridade e a dignidade da minha mãe, o que me revoltava. Uma vez, lhe mandei uma carta com uma foto minha. Na carta, eu dizia quem eu era, que minha mãe era Elizabeth e que queria apenas conhecê-lo. Deixava claro que não buscava nenhuma vantagem financeira, que não estava pedindo dinheiro ou apoio material, porque minha família tinha uma boa estrutura. Não tinha esperanças de que ele fosse responder, mas se superou na reação: me mandou a carta e a foto de volta, também pelo correio (naquela época, em 2001, ainda era pouco comum mandar imagens de forma eletrônica). Ele simplesmente reenviou a carta, no mesmo envelope. Ou seja, abriu, viu minha foto e talvez tenha lido o que escrevi (nunca saberei).

Essa reação tão insensível de um suposto pai me deixou tão indignada, me doeu de uma forma tão profunda que, a partir daquele ponto, em 2001, eu aceitei, no meu coração e na minha mente, que não teria um pai de sangue, que qualquer tentativa de contato seria em vão. E eu não queria resolver nada na justiça. Confesso que me dava muita preguiça de todo o trâmite e burocracia... fora o desgaste emocional e a exposição que minha mãe teria. Em tese, eu poderia ter pensado mais em mim, mas, como sempre, considerei o outro na minha decisão. Não me arrependo dessa escolha, porque segui o meu coração. Fiz o que achei que devia ter feito. Não tinha condição de enfrentar um tribunal, algo tão frio e formal.

Hoje, talvez, eu agisse diferente. Mas hoje eu sou outra pessoa, mais madura e experiente, forte o suficiente para enfrentar uma batalha dessas. A única coisa é que hoje não sei mais se meu pai está vivo ou morto – e nem a internet tem informação sobre isso (já perguntei ao Google, porém nunca encontrei respostas).

Senti muita raiva e frustração. Ao mesmo tempo, sabia que precisaria ir, pouco a pouco, me libertando da necessidade de "ter que encontrar meu pai". Decidi seguir em frente, mesmo com aquela dor, mas sem me deixar paralisar. Eu sabia, no meu coração, que teria que lutar por mim e pela relação com minha mãe, que era real, concreta. E que a ausência do meu pai seria sempre uma dor com a qual eu teria de conviver, por toda a minha existência. Minha esperança era que essa dor amenizasse com o tempo e até se transformasse em compaixão. Seria difícil, mas eu quis buscar essa mudança.

12. Futebol, meu tio e novas emoções

"Quando surge o alviverde imponente
No gramado em que a luta o aguarda
Sabe bem o que vem pela frente
Que a dureza do prélio não tarda."
Hino do Palmeiras

A ausência do meu pai, como já contei, me trouxe traumas profundos, não tem como escapar disso, principalmente porque tive o apoio emocional, em sua maior parte, de figuras femininas. Avó, tia, prima, amigas... mulheres sempre ao meu lado me dando força, me ensinando e me envolvendo em amor, na medida do possível.

Mas, em meio a essa lacuna masculina, meu tio Sergio, marido da minha tia e madrinha Juliana (a irmã da minha mãe), foi um ponto de apoio. Ele se esforçou bastante em me ajudar com orientações sobre a vida profissional, me levando nos inúmeros almoços nos finais de semana com a família, nos passeios na casa de praia. Imagino que para ele não deve ter sido fácil conciliar tanta coisa acontecendo – três filhos, uma carreira em construção e uma sobrinha ali, a tiracolo, precisando de atenção. No entanto, eu nunca fui de lhe pedir atenção, porque, naquela época, acreditava que meu lugar naquele núcleo familiar não era o de filha, e não queria concorrer com meus primos. Sei que ele tentou e fez o melhor que pôde.

Apesar de eu não ter aquela figura de pai que cuida, pega no colo, leva à escola e participa do dia a dia, meu tio esteve comigo em momentos importantes. Boa parte do meu senso de racionalidade vem muito das longas conversas com ele sobre a vida profissional, o processo de tomada de decisão, como analisar os cenários. Além disso, sempre me incluiu nos almoços de família, na época, nos melhores restaurantes de São Paulo. Fazia piadas e se esforçava em ser o melhor para mim. O tio Sergio construiu uma carreira de sucesso como executivo, empresário e professor. Foi cocriador de empresas, entre as quais um operador logístico pioneiro na área automotiva no Brasil, do qual foi presidente. E ainda encontrou tempo para escrever livros de sucesso (que hoje são inclusive utilizados como apoio pedagógico em cursos universitários e profissionalizantes de administração). Por tudo isso, sempre tive a maior admiração por ele.

Mas acho que o grande legado do tio Sergio foi que ele me mostrou e ensinou uma das coisas mais apaixonantes da vida: o Palmeiras. Graças ao tio, me tornei palmeirense, aos 11 anos, e aos poucos essa paixão pelo futebol se tornou um elo forte entre nós. Meu tio me levou, em 1993, à final do Campeonato Brasileiro, entre Palmeiras e Vitória. Eram mais de 90 mil pessoas no estádio do Morumbi. Estávamos eu, ele e meus primos. Foi uma emoção incrível para uma garota de 14 anos vivenciar tudo aquilo. Aquele *mundo* de gente gritando, torcendo pelo time, o jogo acontecendo, o Palmeiras campeão depois de um jejum de duas décadas sem títulos nacionais. Ali eu entendi que a vida tinha algo a mais, que havia emoções incríveis e possíveis para viver que estavam me esperando.

Até hoje conversamos sobre o Palmeiras, sobre trabalho, sobre a vida. Sempre que preciso de um conselho, que não sei muito bem que caminho tomar, o tio Sergio é uma fonte inesgotável de conhecimento e sensibilidade, sempre disposto a conversar e orientar. Quando criança, eu ficava feliz de ter o tio ali por perto, mas sabia que, apesar do apoio, ele não era meu pai. Talvez eu tivesse uma expectativa alta demais com as pessoas – o que me parece natural para uma criança, uma adolescente em formação, tentando encontrar seu lugar (e se encontrar no mundo).

Mas nada como o tempo para colocar as coisas no seu devido lugar e acalmar nosso coração. E nada como uma paixão, como o futebol, para nos conectar com lugares, fatos e pessoas. Graças ao futebol conheci muitas pessoas legais pela internet, que extrapolaram as telas do computador e se tornaram amigos e colegas de trabalho, inclusive. Tive a chance de conhecer estádios incríveis no Brasil e fora do país, acompanhar jogos e viver emoções maravilhosas.

13. Uma tonelada de solidão

"Solidão não é a falta de gente para conversar, passear, namorar ou fazer sexo, isso é carência. Solidão não é o sentimento que experimentamos pela ausência de entes queridos que não podem mais voltar, isso é saudade. Solidão não é o vazio de gente ao nosso lado, isso é circunstância. Solidão é muito mais que isso. Solidão é quando nos perdemos de nós mesmos e procuramos em vão pela nossa alma."
Chico Xavier

Embora seja filha única, cresci cercada de gente, seja da família, amigos e colegas em geral. Sempre fui extrovertida para conversar e "entreter" – e gostava disso. Era uma satisfação saber que, de alguma forma, eu compensava meus outros "defeitos" (aparência física, ter nascido de mãe solteira, pai que sumiu) com alegria, bom humor e uma dose de compaixão pelas pessoas.

No entanto, o fato de eu ter sofrido rejeição por parte de pai e mãe me trouxe questionamentos e dores profundas, mas me ajudou a desenvolver resiliência e aceitar que minha vida seria assim. Seria desperdício de energia lutar por algo que não ia se concretizar. Meu pai, de fato, nunca me reconheceu e aceitou. Isso foi, por muitos e muitos anos, motivo de profunda tristeza e revolta. Eu não havia feito nada para ele, por que não ser meu pai e aproveitar o lado bom dessa relação?

Por que não tentar superar os problemas e a situação difícil e fazer parte da minha vida?

Muitos anos de terapia, mergulhos internos, reflexões e um pouco de estudo da espiritualidade foram me trazendo a tal da resiliência tão necessária para a minha vida. O que não significa que simplesmente aceitei e apaguei isso de mim. Não, é óbvio que não. Eu fui (e continuo) aprendendo a conviver com essa dor. Ela sempre ocupará um espaço em mim, porque crescer sem um pai e ouvir dele que não sou sua filha é uma dor difícil de digerir. A diferença, acho eu, é que, com a idade, talvez eu esteja mais preparada para enfrentá-la sem deixar que me afete e paralise, como aconteceu inúmeras vezes na minha infância e adolescência.

Depois dessa conversa fatídica, em que meu pai me disse que não era filha dele, eu repensei muita coisa em minha vida. Percebi que ir atrás de alguém que não estava interessado em mim seria desperdício de tempo e me machucaria ainda mais. Fui, pouco a pouco, aceitando que teria de conviver com essa questão e não poderia mudar as decisões das pessoas, em especial no que se referia a assumir um filho. Cada um faz o que pode (ou quer).

A ausência do meu pai e a dificuldade, na adolescência e início da vida adulta, de lidar com minha mãe me trouxeram uma sensação de solidão muito grande. Por mais que tivesse amigos, família, pessoas amadas ao redor, era um sentimento de que eu teria de lutar por mim sozinha, não apenas financeiramente, mas principalmente emocional e espiritualmente. Claro que, racionalmente, eu sabia que não estava sozinha. Mas não adiantava muito, porque eu sentia que ninguém faria por mim o que só eu poderia fazer: me transformar internamente, mesmo com tantas questões, dores e dificuldades.

Era uma tonelada de solidão, carência e tristeza. Tive episódios mais profundos que foram diagnosticados como depressão leve, tomei remédios, segui em frente. Aqui, seguir em frente não é ter me curado como passe de mágica. Seguir em frente significa manter a caminhada mesmo com medo, insegurança e dor e ir trabalhando isso sem parar a vida. Aceitar a fragilidade é o primeiro passo para buscar a cura, seja por meio de terapia, de processos espirituais, de esportes, de leituras... enfim, cada um se encontra de uma forma. O importante, acima de tudo, é não desistir.

14. Relações perigosas

"Seja qual for o relacionamento que você atraiu para dentro de sua vida, numa determinada época, ele foi aquilo que você precisava naquele momento."
Deepak Chopra

A ausência de uma figura masculina me trouxe uma grande dificuldade, a qual já comentei, mas sinto que tenho que falar com mais profundidade: relacionar-me com os homens. A presença masculina mais frágil me afetou em outros aspectos, não somente de relacionamentos afetivos, amorosos e de sexualidade... falo como amizade, no dia a dia, na percepção de como eles se sentem, se emocionam, de como eles lidam com o mundo.

Sem uma referência paterna nesse sentido, minha relação com o sexo masculino era um misto de encantamento e medo. Eu me sentia insegura, com vergonha de me posicionar, achando que precisava da validação de cada homem que passasse pela minha vida. Na escola, conversava com os meninos da classe, mas sempre com uma boa dose de distanciamento, para me sentir segura.

Só que o tempo passa, a gente cresce e vêm as questões sexuais e de foro íntimo. Não é difícil imaginar que o início da minha vida sexual foi bem confuso e totalmente diferente da idealização que eu tinha do amor romântico. No fundo, acho que, dominada pela insegurança e influenciada pelas amigas na faculdade, me deixei levar. A primeira vez foi estranha. Depois disso, entrei numa busca incessante pelo "grande amor da minha vida". Seja em paqueras pela internet – que começaram a despontar nos anos 2000 –, seja indo a barzinhos e baladinhas com as amigas, eu tentava me abrir e ser menos travada. Mas era muito difícil, porque não acreditava que algum homem pudesse me desejar e amar pelo que eu era física e emocionalmente. Era muito difícil me abrir nesse sentido. O medo da rejeição era mais forte que a perspectiva de viver bons momentos. Ao mesmo tempo, me sentia muito pressionada pela minha família em conhecer um "cara legal" e formar minha própria família. Não queria repetir a história da minha mãe e ser mãe solteira. Na verdade, isso me apavorava.

Na prática, fiz o oposto. Não me envolvi com nenhum homem profundamente até meus 21, 22 anos, até que conheci quem seria meu primeiro namorado. Namoramos por um ano. Ele era muito apaixonado por mim, mas para mim a relação foi perdendo a graça porque ele, a meu ver, era do tipo "grudento" e carente. Era o oposto do que eu imaginava e queria em um homem, embora fosse uma excelente pessoa, um grande coração. Mas não era para ser. Na mesma época, estava ainda nas idas e vindas com a questão do peso, fazendo dietas mirabolantes, indo a spas, tomando remédios, e tentando me encontrar enquanto mulher. A vida adulta me chamava e pressionava. Eu lidava como conseguia, equilibrando minhas inseguranças com as cobranças da família, especialmente minha avó, que não aceitava o fato de eu estar acima do peso.

Tive alguns relacionamentos (ocultos), até conhecer meu segundo namorado. Detalhe: ele morava (e ainda mora) em Brasília. Foi meu primeiro namoro à distância, mas que se tornou bem mais sério do que eu pensava. Ele tinha família em São Paulo e uma ótima situação financeira e profissional, então as coisas eram mais fáceis. Foram quase dois anos de relacionamento, conheci toda a família dele em Brasília, fiz bons amigos lá. Uma época feliz, logo depois que fiz a cirurgia bariátrica. Achava que ali já tinha cumprido a "tarefa" de encontrar um bom homem para me casar e, assim, acalmar os ânimos da família, em especial da minha avó, que era quem mais tinha expectativa quanto a isso.

Nesse aspecto, minha mãe sempre foi muito coerente: nunca me cobrou ter um relacionamento sério, nem me casar, ter filhos. Ela sabia que não podia dar o exemplo. Minha tia era um misto de cobrança com entendimento. Ela queria que eu encontrasse alguém legal, mas também sabia que não era um tema fácil para mim.

Quando tudo parecia ser um conto de fadas, eis que a vida vem para me tirar da zona de conforto. O relacionamento foi ficando morno, a distância atrapalhou e, um ano e nove meses depois, em 2009, nós decidimos terminar. Nessa época, eu estava em uma relação um pouco melhor com minha mãe e ela inclusive foi comigo para Brasília quando fui para lá ter a conversa com ele para terminar. Não queria ficar e ir embora sozinha.

Essa situação só reforçou minha crença de que não tinha nascido para "constituir família", na forma mais tradicional, burguesa e convencional. Eu passei a me questionar sobre o que realmente queria de um relacionamento e como precisaria me desenvolver para poder também me relacionar de uma forma mais equilibrada, sem cobranças e com verdadeiro amor. Não que eu não tenha amado; pelo contrário. Mas era um amor dependente emocionalmente e fisicamente ainda travado – eu tinha muitas questões ainda envolvendo meu próprio corpo. De outro lado, era uma jovem crescendo no trabalho e começando a ter também independência financeira.

Ao mesmo tempo, sabia que, no fundo, a questão era comigo mesma, com a falta de confiança em mim quando o tema eram relacionamentos afetivos. Era como se eu não fosse merecedora disso e tivesse vindo ao mundo apenas para trabalhar e provar meu valor como profissional.

15. Calcanhar de Aquiles

*"O que não provoca minha morte
faz com que eu fique mais forte."*
Friedrich Nietzsche

A questão afetiva sempre foi meu calcanhar de aquiles. Depois do término do meu segundo namoro, eu fiquei um tempo meio reclusa, porque minha avó começou a ficar doente e com problemas para andar após sofrer uma queda e quebrar a perna.

O ano era 2011, e minha avó vivia às idas e vindas ao hospital, entre UTI e quase morte e recuperações fantásticas (de fato, foi muito guerreira). Fisicamente frágil, ela estava cem por cento lúcida e se sentia revoltada por estar dependente dos outros. Foi um ano muito difícil para mim, a dor de ver minha avó sofrendo e perto de partir era algo inimaginável para mim, mas eu não me permitia viver outra coisa. Minha função era estar com ela até o final e trabalhar.

No entanto, a vida, mais uma vez, nos mostra que não temos controle de (quase) nada. Um certo dia de abril de 2011, minha grande amiga Rita, que eu havia conhecido no trabalho, me convidou para o aniversário de um amigo dela em um bar de rock no centro de São Paulo. Era o cenário perfeito para eu negar – nunca fui roqueira, nunca frequentei bar no centro da cidade e estava emocionalmente cansada. Mas, por alguma razão que só Deus sabe (Ele e os anjos que me guiaram), eu decidi ir. Minha avó estava no hospital, eu estava sozinha em casa. Pensei comigo mesma que me faria bem.

Eu me arrumei, peguei o carro e cheguei ao local. Logo ao entrar no bar, avistei um rapaz que me chamou muito a atenção pelo charme. Nunca fui muito incisiva nas paqueras, sempre preferi esperar a tomar iniciativa – pelo menos no início da minha vida afetiva. Mas, ali, algo mudou em mim. Eu tive uma intuição tão forte com aquele homem que decidi investir. Fui falar com ele, conversamos e descobri que era um argentino de férias no Brasil, chamado Matias. Que "sorte" a minha!

Era um homem muito charmoso e divertido, de 37 anos à época. Eu tinha 32 e não falava espanhol – só arranhava, por conta das músicas que escutava. E assim começou uma relação que mudou minha forma de ver os homens e me envolver. Além de estar de férias no Brasil, ele estava na casa dos tios, a cerca de dois quilômetros de onde eu morava, uma glória em se tratando da gigantesca São Paulo. Nós nos encontramos várias vezes nesse mês e eu vivi uma paixão inimaginável. Nunca tinha me sentido daquele jeito. Era realmente algo novo e maravilhoso para mim. Esse mês passou e eu sabia que não seria possível uma relação à distância naquele momento para mim. Eu tinha acabado de sair de um relacionamento assim e queria alguém perto, para dividir o dia a dia. E assim foi. Um mês depois, o Matias voltou para La Plata, e eu fiquei em São Paulo. Apesar de triste pela partida, me sentia viva, me sentia feliz por ter vivido algo tão intenso e marcante.

16. A virada dos 30

*"Tome a mesma moça aos 20 e aos 30 anos.
No segundo momento ela será umas sete ou oito vezes mais interessante,
sedutora e irresistível do que no primeiro."*
Honoré de Balzac

Quando completei 30 anos, em 2009, tive uma crise bem profunda. Não tinha me casado, não tinha filhos, não era cem por cento independente – a fórmula que eu considerava a do sucesso nessa idade. Vivi meses de questionamentos duros comigo mesma. Eu me sentia um projeto falido, aos 30 anos! O nível de autocobrança era muito grande, mas, pouco a pouco, com muita terapia e desenvolvimento da espiritualidade, fui compreendendo que era muito mais fruto da necessidade de ser aceita e fazer a vontade dos outros do que um desejo verdadeiro de construir uma vida tão tradicional. Comecei a ver que nunca fui uma pessoa convencional, desde meu nascimento. Eu não precisava seguir regras familiares nem fazer o que era mais socialmente aceito. Começou aí a minha libertação.

Ter completado 30 anos em uma situação totalmente diferente do que eu havia planejado – lembre-se de que sou virginiana – foi um balde de água fria tão grande que me tirou do prumo e me fez ver que não tinha controle sobre nada, em especial minhas emoções. O que poderia fazer era calibrar a forma como as emoções me afetariam, mas não poderia negá-las.

A partir do momento que me permiti sentir mais, mesmo que fossem emoções pouco nobres de raiva, frustração, decepção... comecei a me entender mais verdadeiramente e, acima de tudo, a me amar um pouquinho mais a cada dia. Comecei a entender que a parte física é importante, que saúde é importante, mas que eu não precisava seguir convenções de beleza – até porque jamais teria 1,70m de altura. Sou de estatura mediana e tenho quadris largos – e comecei a ver vantagem nisso.

Em paralelo, decidi viajar mais, curtir mais a vida e os benefícios que o trabalho (tão incansável e imprescindível para mim) me trazia. Acho que 2011 foi um dos anos mais transformadores para mim porque conheci o argentino e me permiti viver aquela paixão. E, de outro lado, veio o primeiro golpe duro em minha vida: a morte da minha avó, em setembro desse mesmo ano. Eu tive que lidar com duas emoções opostas, mas que envolviam partidas: um amor que havia partido e minha avó que não voltaria mais.

17. Vó Alzira

*"Eu tenho tanto pra lhe falar
Mas com palavras não sei dizer
Como é grande o meu amor por você*

*E não há nada pra comparar
Para poder lhe explicar
Como é grande o meu amor por você*

*Nem mesmo o céu nem as estrelas
Nem mesmo o mar e o infinito
Nada é maior que o meu amor
Nem mais bonito."*
Roberto Carlos – Como é grande o meu amor por você

A morte da minha avó foi, até então, o pior momento da minha vida. Eu achava que jamais superaria isso e que seria a maior tristeza de todas. Posso dizer que foi a primeira grande perda real que tive.

A passagem da minha avó aconteceu em 13 de setembro de 2011, mas nossa relação era tão especial que tive direito a uma despedida particular. Doze de setembro, 12 horas. Quarenta minutos antes, saí de casa, malas prontas. Estava com uma viagem comprada de férias, e minha avó insistiu para que eu fosse – mesmo eu querendo cancelar.

Rumo ao hospital, para me despedir. Dessa vez, a palavra despedida tinha o sentido real. Um adeus. Meu coração já sentia. Vi o prédio do hospital, passei pela portaria, peguei o elevador. Quinto andar. Um triste hábito que já havia tomado conta da minha rotina. Ali, a UTI, onde histórias de alegria, recuperações e sobrevivência disputavam espaço com momentos de notícias duras, choro e desespero. Morte, em alguns casos. Vida, em outros.

Entrei pelo corredor, a voluntária já me conhecia. Ao caminhar por aquele corredor, passando pelo "almoxarifado", já me sentia quase como parte da equipe. Já entendia a logística dos materiais, o que os enfermeiros diziam. Mas, curiosamente, naquele dia, estava distante dessa realidade. Estava com um sentimento de... "não presenciarei esta cena novamente tão cedo". Minha intuição era forte. Vi o quarto onde estava minha avó. Entrei. Um verdadeiro aparato a mantinha viva. Aparelhos de hemodiálise, traqueostomia, equipamentos para passar o soro, para manter a circulação das pernas... Eu via tudo aquilo depois de tantos meses, anos... e ainda me emocionava. Afinal, era difícil presenciar uma cena de uma pessoa que sempre foi tão ativa em uma situação de total dependência, sofrimento e dor. A pessoa que eu mais amava. A pessoa que lutou por mim em grande parte da vida. Que enfrentou barreiras, brigou e me defendeu; me criticou muito também, é verdade. Mas, acima de tudo, me amou. À sua maneira, especial, autêntica, exigente, mas amou.

Cheguei perto de seu rosto, seus lindos olhos azuis brilhavam como duas pérolas de vidro. Naquele momento, era um mar que se abria em meu coração. Eu senti, exatamente naquele instante, que era a despedida. O que eu sempre temia, estava ali, à minha frente. Ali, eu senti. Não a veria mais, não daquela forma, naquele estado. Meu coração apertou, segurei as lágrimas para não demonstrar fraqueza.

– Vó, bom dia, meu amor. Estou aqui. Vim te ver antes de ir para o aeroporto.

Como resposta, um sorriso triste. Uma mistura de alegria, pelas minhas merecidas férias, com uma sensação de adeus no ar.

– A senhora lembra que falei que ia viajar, né? Então, estou indo já, já. Vou pegar a Maria Helena, e vamos para o aeroporto.

Outro sorriso e um aperto forte em minha mão.

– Vó, eu volto logo. Vou trazer um presente pra senhora! Me espere, hein?

Outro sorriso, dessa vez achando graça... "Essa menina adora fazer piada e me atazanar", imagino que ela deva ter pensado.

– Vó, a senhora é linda. Eu te amo muito. Obrigada por tudo e por me deixar viajar, viu?!

Duas semanas antes, eu havia perguntado se ela se importaria que eu viajasse. Ela, em um tom de brincadeira, autorizou. Sentiu que tinha valor para mim.

Trinta minutos passaram. Era preciso ir, porque haviam me deixado entrar fora do horário de visitas. Apertei sua mão novamente. Dei um beijo.

– Bom, vó, tenho que ir agora, minha linda. Fique com Deus. Te amo.

Seus olhinhos azuis brilharam, piscaram. E eu soltei sua mão com o coração dolorido, apertado, angustiado. Como se fosse o último aperto de mão que eu lhe daria.

Saí do quarto chorando. "Quando eu voltar, ela não estará mais aqui", algo me dizia.

Fui para casa, peguei as malas e encontrei a Maria Helena. Seguimos para o aeroporto. Estava um misto de tristeza, pela situação da minha avó, mas felicidade, pela linda viagem que estava prestes a iniciar.

Entramos no avião, o voo saiu sem grandes atrasos. Era uma aeronave muito grande. Estava cheia. Gente de todo o canto que rumava para Lima, capital do Peru. Assim como eu. Chegamos em Lima após cinco horas de voo. Não havia ninguém para nos buscar. Procuramos as plaquinhas, pessoas que poderiam ser do transfer do hotel, mas nada. Apesar de tudo, não estava em pânico. Liguei para o hotel e fui informada de que haviam se equivocado com relação ao horário. Tudo bem, pedi um táxi. Em uma cidade enorme, de sete milhões de habitantes, estávamos eu e a Leninha sem transporte personalizado. Havia táxis, mas era preciso negociar o valor. Assim o fizemos e tivemos sorte de encontrar um motorista relativamente tranquilo que nos pareceu honesto. Chegamos ao hotel, deixamos as malas. Fomos dormir. O dia havia sido longo, pela viagem e pelas despedidas.

No dia seguinte, acordamos, já com os horários devidamente agendados. City tour pela manhã e tarde livre para compras e outros passeios. Fizemos o city tour matinal, vimos os pontos turísticos mais bacanas de Lima. Tudo ali me encantava, a energia da cidade, a simpatia do povo. A história dos incas. Era como se eu já conhecesse tudo aquilo. Ruínas, praia, mar... deserto.

Chegamos ao ponto de retorno do city tour e fomos almoçar. Descobrimos, ali mesmo na agência que fazia o passeio, que haveria um city tour noturno no dia seguinte e um passeio pelas praias logo em seguida, às cinco da tarde. Compramos os tickets e ficamos fazendo um pouco de hora. Passava das duas da tarde e não teríamos tempo de voltar para o hotel. Resolvemos aproveitar o tempo livre para olhar as lojas e comprar um pouco de dinheiro local.

Pouco antes das cinco, fomos a um simpático café ali mesmo, em Miraflores, para aguardar o "city bus". O café ficava ao lado da igreja matriz do bairro e de um parque. No parque, havia muitos gatos, o que me chamou a atenção. Logo me lembrei de minha avó, porque nós amávamos nossos bichanos. Caco, Chuvisco, Lilica e Mel. Quantas vezes chegava em casa do trabalho e me deparava com ela sentada na cadeira de balanço e uma "horda" felina em seu colo, dormindo? Era divertido. Naquele momento em que eu e Leninha tomávamos um café, uma cigana se aproximou de mim e pediu para ver minha mão. Estiquei o braço e, ao segurar minha mão, ela disse, em um espanhol que, para mim, parecia tão fácil como português:

– Menina, você terá notícias ruins em breve. Nada que vá surpreender, mas prepare-se.

Olhei para minha prima e não abri a boca. Nenhuma palavra. Seguimos para o city tour. Apenas pensei: "Este lugar realmente tem alguma magia".

Uma hora e meia depois do city tour, voltamos para o hotel para tomar banho. Tínhamos um show de danças típicas peruanas à noite e estávamos animadas com o passeio. Saímos do hotel por volta das nove horas. Chegamos ao local do show, um lindo shopping à beira-mar. Lojas de grife, lojas de artesanato, uma decoração bem bonita, com vidros... havia de tudo. A música ambiente também era boa, pelo menos para o meu gosto. Era um restaurante típico de turismo, com menu especial e apresentação da famosa *peña*, um compêndio das danças típicas do Peru, de todas as regiões.

O show começaria às 22h, e de fato cumpriu-se o horário. Eu estava feliz, mas com aquela frase da cigana ressoando em minha cabeça. Meia hora depois do início do show, notei que meu celular havia tocado, mas não tinha escutado. Era minha prima Anna Laura, de Campinas. Achei estranho, porque ela não tinha o hábito de me ligar, em especial naquele horário – embora no Brasil fossem umas oito da noite. Havia três chamadas não atendidas. Um sinal de alerta ecoou em minha cabeça. Enviei uma mensagem, avisando que estava fora do Brasil.

Menos de cinco minutos depois, novo toque no celular. Era minha tia Juliana. Não havia mais dúvidas. Atendi.

– Oi, Regina, tudo bem?

– Oi, tia. Estou em um show, faz um pouco de barulho, mas está tudo bem.

– Então, estou ligando porque a vó morreu. Foi agora há pouco, há uma ou duas horas.

Fiquei meio sem saber o que dizer. Respirei fundo.

– É, tia... chegou a hora. Que se há de fazer – olhei para minha prima e dei a notícia.

– Mas você não precisa voltar, Rê. Não vai dar tempo. Já estamos resolvendo tudo por aqui e o enterro vai ser logo pela manhã.

– Bom, tia, não sei se consigo voo. Vou ver aqui e, qualquer coisa, te ligo. Beijo.

– Não se preocupe, ela ficará bem. Estava muito cansada, coitadinha. Ela ficará com Deus. Beijos. Aproveite.

Olhei para Leninha e disse:

– E agora... fico? Volto?

– Rê, veja bem... por um lado, não vamos conseguir voo agora para São Paulo. Já são 11 da noite. Até ir para o hotel, pegar as malas e seguir para o aeroporto, mesmo que tenha voo, só chegaremos em São Paulo amanhã na hora do almoço. Mas, se você quiser tentar, eu estou contigo. O que você decidir, eu apoio. Se quiser voltar, vamos para o hotel e resolvemos isso.

– Vamos voltar e, no caminho, eu penso.

Nesse meio-tempo, apenas liguei para minha amiga Marília, para contar o fato ocorrido e pedir a ela que me "representasse" no enterro, porque não teria tempo hábil para chegar a São Paulo. Ela prontamente se dispôs a ir, me ajudar e fazer o que fosse necessário. Eu só precisava colocar as ideias em ordem.

Chegamos ao hotel. Eu me deitei na cama. Chegou a hora que tanto temia. A vovó se despediu de nós. E aquela cigana parece que havia me alertado. E minha prima, naquele momento, me disse palavras que jamais esquecerei.

– É, Rê, foi incrível mesmo. O que nos conforta é que ela lutou muito, foi uma pessoa maravilhosa durante toda a vida. Ajudou muita gente. Cuidou de você como uma mãe. E agora descansou. Ela não estava vivendo. Aquela situação não era digna para uma pessoa com a independência, a força que a tia Alzira tinha. Ela não merecia ter passado um por cento do que passou naquele hospital. Agora, ao menos, ela vai descansar.

– E encontrará as irmãs, se isso for realmente viável do outro lado. E vão jogar baralho juntas lá.

Por um instante, rimos. Um riso de conforto.

– Vão mesmo. Agora você procure descansar. Amanhã é outro dia.

– Será que não é melhor voltar? Podem precisar de mim lá.

– Rê, o que tinha que ser feito, a esta altura, já foi feito. Alguém lá vai resolver toda a burocracia. Fique tranquila. Ela se foi agora, porque não queria que você estivesse lá. Queria que você estivesse aqui, aproveitando esta viagem que você tanto sonhava.

– É, deve ser. Foram tantas idas e vindas...

– Vamos seguir viagem. Vamos ver lugares lindos, gente nova. Será difícil, mas vamos superar. Vamos fazer esta viagem por ela, que é o que ela gostaria, não acha?

– Sim, você tem razão. Vamos seguir, porque ela não gostaria que desistíssemos. Força.

A morte da minha avó foi o primeiro grande marco de dor em minha vida adulta após meus 30 anos. Embora jovem, eu já havia vivido muitos episódios difíceis que me transformaram em uma pessoa madura, mas, claro, com muita coisa a melhorar. Ainda não tinha noção do que eu representava para mim mesma e até para os outros. Não conseguia enxergar cem por cento do meu valor, ainda que soubesse que eu tinha algo de bom a oferecer – a autocrítica virginiana me impedia de me libertar completamente. Aos poucos, com a terapia – faço questão de reforçar isso, porque a terapia, independente da linha ou abordagem, é um suporte fundamental para nos ajudar a trabalhar nossas emoções, aflições e comportamentos. Acima de tudo, trabalhar nosso autoconhecimento.

Aos 30 e poucos anos eu já tinha uma boa estrada de tratamento terapêutico, o que me dava algum fôlego para enfrentar a dor da partida da pessoa que, naquele momento, representava o amor e a companhia em minha vida. Minha relação com minha mãe tinha evoluído muito, devo dizer, mas minha avó ocupava um grande espaço em minha vida e em meu coração. O que eu descobri mais tarde é que meu coração podia se expandir para receber e dar muito mais amor e caber muito mais pessoas. Quando há amor, ele rompe todos os obstáculos em algum momento, inclusive os emocionais.

18. Abrindo o coração para o novo

"Quando o nosso coração se abre para a vibração suave do teor do nosso espírito e da nossa consciência, a vida se enche de luz."
Luiz Gasparetto

Depois de alguns desencontros, e bastante jogo duro da minha parte, em 2014 comecei a ser mais flexível com aquele argentino que conheci num bar em 2011, veja só. Eu não queria uma relação à distância, ele tinha namorado uma outra brasileira e tudo isso era motivo de dúvida para mim. No entanto, o sentimento em meu coração permanecia, e, quando há amor, não há barreiras, por mais clichê que essa frase possa soar.

Nessa época, eu havia pedido demissão da agência (a mesma para onde voltei em 2017) após quase cinco anos, para seguir uma "carreira solo" – como se diz, no jargão da comunicação, sobre quem decide trabalhar por conta própria. Queria trilhar novos caminhos, conhecer gente, me desafiar, crescer como profissional e aprender a ter mais disciplina no meu dia a dia, em todos os aspectos. Ali era o início de uma virada na minha vida.

Dois anos antes, aliás, em 2012, eu havia comprado meu primeiro apartamento e fui morar sozinha, simbolizando um grande passo da independência pessoal. Depois que fui morar sozinha naquele ano, nunca pedi ajuda financeira a ninguém. Se eu fazia alguma bobagem, gastava exageradamente, me virava para resolver. E assim faço até hoje.

Esse contexto de independência e autonomia me deu a confiança necessária para, aos poucos, abrir meu coração para o argentino. Ele insistiu muito, é verdade. Até que, em 2014, eu estava trabalhando como repórter em uma campanha política presidencial (uma experiência única que me fez crescer muito) e passei a conversar mais com ele – na verdade, diariamente, pela internet.

Terminada a campanha, em novembro, decidi ir à Argentina reencontrá-lo e ver no que iria dar. Antes de chegar a La Plata, cidade a 60 quilômetros de Buenos Aires, onde ele morava, passei uns dias em Porto Alegre, com amigos queridos que tenho por lá.

Cheguei a La Plata, e foi tudo como um sonho. Nós nos encontramos e nos entendemos de imediato. Ficamos juntos daquele 11 de novembro de 2014 até 11 de junho de 2018. Fui inúmeras vezes à Argentina, ele veio ao Brasil, e foi uma relação muito profunda e de muita cumplicidade e amizade. Aprendi muito sobre ser mais leve e dar mais valor a mim mesma. Andei de moto (coisa que eu morria de medo), fiz novos amigos argentinos (maravilhosos), comi muito alfajor (uma delícia) e falei muito espanhol (sempre adorei idiomas).

Aos poucos, pela distância e circunstâncias da vida, o relacionamento foi esfriando. Na verdade, foi se modificando e se tornando mais amizade do que um namoro efetivamente. O fim veio com a notícia de que havia uma terceira pessoa no meio da nossa relação, por parte dele. Aquilo para mim foi inaceitável, duro demais, e terminei o namoro. Foi muito difícil, porque eu sonhava em morar com ele, tinha planos de ir para a Argentina (fiz até documento argentino), e tudo desmoronou.

Por que eu estava vivendo aquilo? O que eu tinha feito de errado? Eram tantas questões, inseguranças, raiva, angústia e medo. Eu estava com 38 anos, e meus sonhos naquele momento tinham sido destruídos. Também tive minha responsabilidade na história, porque sentia que as coisas estavam esfriando, mas fiquei com medo de comentar, de criar um caso desnecessário. Poderia ser só uma fase (é o que a gente sempre pensa). Mas não foi. Foi definitivo.

Depois do difícil rompimento, passei por momentos muito confusos. Um mês depois decidi voltar "ao mercado" e me jogar. Não queria mais saber de compromisso, de namoro sério, de nada – me envolvi com vários homens que também não queriam nada sério. Aos poucos, as relações vazias foram me cansando, e eu comecei a me questionar o que realmente queria. E, no fundo, sempre soube que minha busca era por um amor verdadeiro, profundo e real. Um parceiro, um companheiro.

Hoje eu e o Matias somos amigos e nos perdoamos pelos erros do passado. Claro, não sem antes ficar mais de um ano sem trocar uma palavra com ele – nessas horas, estar longe ajuda muito a esquecer mais rápido. Afinal, não vale a pena carregar essa mágoa para o resto da vida. Já estava feito, não tinha como voltar atrás. Não estava sendo simplista ou prática demais, não é isso. Mas eu já tinha sofrido o suficiente para saber que não ia mudar (e nem eu queria que mudasse, porque não conseguiria mais confiar como antes). Melhor seguir em frente. Melhor decidir pelo perdão.

19. Toda volta é um recomeço

*"Se chorei ou se sorri,
o importante é que emoções eu vivi."*
Roberto Carlos – Emoções

O turbilhão que vivi com o fim do namoro com o Matias foi mais um episódio de rompimento e de quebra de sonhos em minha vida. O grande momento foi um ano antes, quando minha mãe começou a ter sintomas de perda de memória e dificuldade de lidar com o próprio dinheiro, além de problemas pulmonares causados pelo cigarro (ela foi tabagista por cerca de 50 anos).

Quando minha mãe, que sempre foi uma administradora exemplar das próprias finanças, começou a não lembrar mais informações de banco, a não saber como pagar contas, aquilo me acendeu a luz amarela de alerta, no início de 2017.

Aos poucos, o cenário foi se agravando. Eu passava no apartamento dela diariamente, depois do trabalho, e chegava em casa exausta, sempre tarde. Era muito difícil conciliar minha vida pessoal, trabalho, namoro e minha mãe adoecendo sem eu entender o que ela tinha.

Decidi levá-la a um neurologista. Tinha o contato de um médico de um hospital de primeira linha de São Paulo que eu havia conhecido por conta de um projeto de comunicação que havia desenvolvido, um ano antes, para a Associação Brasileira de Esclerose Múltipla. Por isso, sempre digo que os contatos do mundo do trabalho são valiosos também para a vida pessoal. Nunca se sabe o dia de amanhã.

Desde a primeira consulta, tivemos grande empatia com o Dr. Denis, sempre paciente e carinhoso conosco. Minha mãe fez uma série de exames – mais de 20, creio eu, até de medula – para tentar identificar o que acontecia. Até que, mais de dois meses depois, ainda que de forma inconclusiva, minha mãe foi diagnosticada com mal de Alzheimer. Aquilo caiu como uma bomba para mim. Logo minha mãe, sempre tão inteligente... ela falava inglês e alemão, fazia traduções, era intelectualmente muito capaz, mas, com os desequilíbrios emocionais e consequências físicas de uma vida desregrada, estava começando a perder isso. Como era possível? Por que com ela? Por que conosco?

O diagnóstico de Alzheimer também me deixou tensa porque, por mais que eu negasse para mim mesma, uma pessoa com essa doença precisa de acompanhamento e cuidados. Não teria como deixar uma cuidadora 24 horas por dia com minha mãe, não apenas pela questão financeira como também emocional. Não podia deixar minha mãe sendo atendida somente por enfermeiras. Como filha, tinha responsabilidade no cuidado com ela também. Pelo menos era como eu me sentia.

E é claro que esses sintomas afetaram também as pessoas ao entorno dela e meu. O doente de Alzheimer, afetado pela perda de memória, também sofre com a instabilidade emocional. A pessoa está feliz e, em dois minutos, fica mal-humorada, xinga, manda você ir embora de casa, diz que não quer você por perto. Isso vale para qualquer parente – e o Matias não passou ileso. Ela muitas vezes reclamava da presença dele em casa, não queria que ele ficasse comigo – num misto de ciúmes e efeitos da doença –, e tudo se tornava cada vez mais penoso para mim.

Foi aí que despertou em mim um "mix" de emoções muito intensas. Naquela época, estava no auge da minha independência pessoal e profissional, em um relacionamento aparentemente sólido com o argentino, com planos de vida e até de mudança de país... mas como poderia deixar minha mãe em São Paulo, somente sob a responsabilidade de cuidadoras? Eu ficaria monitorando à distância? Como seriam os médicos, os exames, o acompanhamento?

Tudo isso martelava em minha cabeça. Além da questão de ordem prática, senti uma revolta muito grande. No meu melhor momento de vida, eu sou obrigada a abandonar tudo o que tinha construído por mim, para ficar com minha mãe? Logo minha mãe, que tanto sofrimento me causou, que me abandonou em momentos em que eu mais precisei de apoio emocional, de carinho... Minha mãe, com seus episódios de agressividade comigo, as duras discussões e palavras ditas que tanto me magoaram no passado? Era justo aquilo acontecer comigo?

Foram meses muito difíceis para mim. Eu me mudei para o apartamento da minha mãe e coloquei o meu à venda. Pensei em comprar um perto da casa dela, e ficaria indo e voltando todos os dias. Mas depois, ponderando melhor, percebi que seria uma insanidade, um gasto de tempo e de dinheiro que só me traria mais cansaço. Sentia como se eu estivesse dando 500 passos para trás em minha caminhada, abandonando planos pessoais por alguém que eu achava que não merecia esse esforço todo da minha parte, por conta de todo o sofrimento do passado.

O dia da mudança para a casa da minha mãe foi bem pesado para mim. Eu me sentia triste ao deixar tudo que tinha conquistado, mas me culpava porque não me sentia no direito de reclamar. Afinal, eu tinha casa, comida, trabalho, amigos, bons vizinhos... Que mais eu poderia querer? A verdade é que, emocionalmente, foi como se jogassem um caminhão de areia em meus sonhos. Eu não estava feliz. Sabia, apenas, no íntimo do meu coração, que estava fazendo o que era necessário. É quando você tem a lição de casa da escola para entregar no dia seguinte. Nem sempre é gostoso, mas a gente sabe que precisa fazer. Mas sentia também que essa mudança era um passo importante para minha libertação. Eu tinha uma intuição muito forte que estava começando o processo real de resgate da minha relação com a minha mãe. Enquanto nós duas, juntas, não enfrentássemos isso, seria sempre como se algo estivesse faltando em nossas vidas.

De outro lado, um dos fatos que marcaram minha trajetória até hoje foram as mudanças. De casa, de trabalho, de vida. Nunca tive muito tempo para desfrutar da zona de conforto, então acho que me acostumei a usufruir dos pequenos bons momentos – é como se eles fossem acabar logo.

Mudei de casa muitas vezes desde que nasci (acho que umas seis ou sete, pelo menos), o que me trouxe jogo de cintura para lidar com o vaivém da vida, mas talvez alguma dificuldade para lidar com o tempo das pessoas e dos fatos. Mudar muito é bom, mas te deixa impaciente. Essa é uma lição que tenho aprendido na vida, aprender a depurar melhor, refletir, ponderar. Não que não o fizesse, mas queria sempre resolver tudo rápido, no meu tempo. E a gente sabe que o tempo das coisas não depende de nós, mas sim do plano divino. Existe um tempo certo para tudo.

Até porque eu e minha mãe moramos juntas em uma época conturbada das nossas vidas. Eu estava na transição da infância para a adolescência, e minha mãe nunca exerceu na plenitude o papel que lhe cabia, por desequilíbrio emocional e despreparo. Décadas depois, a vida nos dava uma oportunidade de revisitar tudo isso e nos perdoarmos. Era uma nova chance de conviver, mas dessa vez com os papéis invertidos: eu como mãe e ela a filha, carente de atenção e cuidados. Irônico como o mundo dá voltas. Tudo o que eu queria ter recebido dela quando criança eu teria que oferecer a ela naquele momento. E mais ainda: eu sentia, no fundo, que faria isso com todo o amor do mundo, porque, por mais mágoas que ainda pairassem entre nós, ver minha mãe perdendo a memória, a capacidade cognitiva, a inteligência... me doía na alma.

20. Fiéis companheiros

"Ah! Tô indo agora pra um lugar todinho meu
Quero uma rede preguiçosa pra deitar
Em minha volta, sinfonia de pardais
Cantando para a majestade, o sabiá
A majestade, o sabiá."
Roberta Miranda

Até meus 20 anos, nunca tinha tido um animal de estimação. Um dia, fazendo uma caminhada pelo bairro onde morava (em março de 1999) passei em frente a um pet shop que estava com uma campanha de adoção de filhotes de gatos. Quando passei em frente, vi um deles, parecia um siamês. Parei, pensei por alguns instantes e decidi levar aquele gatinho para casa. Minha avó certamente não iria se opor, já que ela teve gatos na infância e sempre gostou de animais.

Fiz todo o trâmite de adoção e peguei o filhotinho. Tão pequenino, tão doce, com olhinhos azuis... decidi "batizá-lo" de Caco. Cheguei em casa com aquele pacotinho de ser vivo, uma caminha, pacote de ração e uma certa cara de pau... por mais que minha avó gostasse de animais, eu estava levando um gato para casa sem avisá-la antes. Quando cheguei, ela levou um susto!

– Menina, mas você é maluca! Como me traz um gato, assim, do nada?

– Vovó, veja que gracinha, ele me olhou e eu não resisti. Vai ser um companheirinho para a gente.

Não deu outra, minha avó olhou para o Caco e já se encantou.

– Ai, Rê, você é terrível... mas ele é uma gracinha mesmo, né?

Mal sabia ela que seria o início da formação de uma grande "tropa felina". Menos de um ano depois, minha avó viu um filhotinho para adoção em uma casa da vizinhança e me chamou.

– Vamos lá buscar mais um gatinho, assim ele faz companhia para o Caco.

Eu pensei... "O que foi que eu fiz... inaugurei um pet shop em casa!"

Pegamos um gatinho tigrado, cinza, mirradinho... o Chuvisco, nome dado pela minha avó. Ele e o Caco se tornaram amigos inseparáveis. Alguns anos depois, ainda adotamos mais duas gatinhas, a Lilica e a Mel. E estava formada a tropa felina em casa.

Os quatro eram uma alegria para mim, para minha avó e para a Rosy, nossa cuidadora e anjo da guarda, desde 1994 até hoje. Brincávamos, cuidávamos, eles ficavam conosco no colo, nos davam muito amor.

Minha mãe também gostava de bichos, mas tinha predileção por cachorros. Ela chegou a ter um setter irlandês, lindo, com pelagem dourada. Chamava-se Joy, e fazia jus ao nome, pois não parava quieto. Eu tinha um pouco de medo dele, porque era grande, tinha um latido forte e era cão de guarda – embora fosse ótima companhia para minha mãe. Nunca me identifiquei muito com ele.

Em 2007, o Joy teve um câncer e morreu de forma bem rápida. Minha mãe ficou arrasada, porque ele era seu grande parceiro do dia a dia. Ela dizia que nunca mais teria outro cachorro. Eu apenas observava, pois, depois de adotar quatro gatos, não podia palpitar muito!

De fato, o tempo foi passando e a solidão fez minha mãe repensar essa questão. Ela sabia que um novo bichinho de estimação a deixaria mais presa, especialmente um cão, que demanda cuidados diários e constantes. Eu preferi não insistir muito. Um certo dia, em meados de 2008, fui à loja de produtos pet comprar comida para meus gatos e levei minha mãe comigo. Na saída da loja, uma ONG estava com uma campanha de adoção de filhotes de cães e gatos. Fomos olhar "apenas por curiosidade". E, novamente, não deu outra: vimos uma filhotinha de cachorro, toda branquinha, com olhinhos que pareciam duas jabuticabas... minha mãe se encantou. E lá fomos nós para casa com a Suzy, a nova integrante da família.

A Suzy se tornou uma companheira ainda mais presente na vida da minha mãe. Passeavam todos os dias, minha mãe cuidava dela e deixava a Suzy dormir na cama com ela (não critico porque faço isso também!).

Desde que essa cachorrinha chegou em casa, eu me apeguei muito a ela. Suzy sempre foi muito carinhosa, ativa e parceira. Ela esteve com minha mãe o tempo todo, até a partida. Sentiu, ficou triste todas as vezes que minha mãe ia para o hospital. Ficava na porta esperando quando ela retornasse. Ao mesmo tempo, ela conviveu bem com meus gatos, brincando e ficando com eles. Os gatos não eram superamigos dela, mas aceitavam bem.

Todos nós ficamos muito ligados à Suzy. Quando fui morar com minha mãe, eu e a Suzy nos tornamos "irmãs". Ajudava a cuidar dela junto com a Rosy, e isso me fazia bem. Inclusive, levei meus gatos comigo – menos o Caco, que partiu em 2015. Éramos uma grande família: eu, minha mãe, Chuvisco, Lilica, Mel e nossas ajudantes Rosy e Socorro.

No começo, quando cheguei no apartamento dela de mala, cuia e três gatos a tiracolo, a receptividade não foi lá das mais positivas. Minha mãe estava feliz porque eu tinha me mudado para ficar perto dela, mas nunca escondeu que não gostava de gatos. No dia a dia, ela sempre reclamava da presença deles. A Suzy, cachorrinha, ficava eufórica e latia um pouco. Aos poucos, todos fomos nos acostumando e aceitando – porque sabíamos que não havia opção, eu jamais abriria mão dos meus pets, meus companheiros.

21. Turbilhão de emoções

*"Eu prefiro ser essa metamorfose ambulante
Do que ter aquela velha opinião formada sobre tudo."*
Raul Seixas

Aos poucos, esse ambiente foi acalmando meu coração, e, no lugar da revolta, passei a compreender melhor o que estava acontecendo. Precisava elaborar tudo aquilo e seguir em frente, para cuidar da minha mãe, mas, principalmente, cuidar de mim. O dia a dia ao lado de uma pessoa com Alzheimer oscila entre momentos bons e momentos muito difíceis. Um dia a pessoa está bem, lúcida. No outro, ela esquece tudo o que fez, o que comeu, com quem falou... fica irritada por qualquer coisa, te insulta e você precisa respirar fundo. Não sou hipócrita de dizer que fiz isso todas as vezes. Não. Briguei bastante com minha mãe. É muito difícil manter a serenidade, mesmo sabendo que a pessoa não está fazendo aquilo de forma consciente. No entanto, a palavra pronunciada machuca da mesma forma. Com ou sem intenção. Mas eu precisava compreender que seria assim.

Não foram poucas as vezes em que minha mãe saía de um estado de bom humor para o estresse e começava a me xingar e me expulsava de casa. No começo, ainda tentando entender como lidar com uma pessoa com Alzheimer, mesmo em fase inicial, eu me irritava, me ofendia, chorava. Só não achava que a história do Alzheimer era mentira porque realmente ela tinha lapsos de memória e esquecia até onde morava e tinha comportamentos mais infantis como chupar os dedos e manias como roer as unhas, arrumar tudo que via pela frente (mesmo depois de já arrumado), entre outras situações. Aquilo me afligia muito, mas eu tinha que aprender a lidar. Eu precisava compreender, aceitar e não levar tudo tão a ferro e fogo.

Ainda mais vivendo em São Paulo, que nos coloca diante de tantas situações estressantes de trânsito e insegurança. Cada vez que tinha que levar minha mãe ao médico era um verdadeiro exercício de terapia. Depois de uma hora no trânsito, ela começava a reclamar, queria voltar para casa, não queria mais ir à consulta... E não adianta explicar nada, porque quando um doente de Alzheimer está na fase "reclamação" ativada só resta aos acompanhantes... aguentar e ir levando. Algumas vezes, eu mudava a música do rádio, colocava Tom Jobim, que ela sempre adorou, e ajudava a acalmar o humor e ela retomava a lucidez.

– Nossa, como é horrível esse trânsito de São Paulo, né, filhinha? E você aí dirigindo há uma hora, deve estar cansada.

Quando ela entrava nesse nível de "compreensão", era um alívio sem fim para mim. Nessas horas, eu sempre respondia:

– Estou cansada, mãe, mas é por uma boa razão. Logo estaremos em casa e vamos descansar e brincar com a Suzy e os gatinhos, que tal?

– Ah, não vejo a hora de chegar em casa para ver a Suzinha.

E assim era, nesse ciclo constante de instabilidade emocional, que eu tentava me adaptar a uma nova situação, desenvolvendo a paciência, a tolerância e a capacidade de resiliência. Só assim eu sobreviveria com alguma sanidade diante de tudo que estava acontecendo.

À medida que o Alzheimer avançava para estágios mais degenerativos, minha mãe se tornava mais infantil, birrenta e repetitiva. Ela não chegou a esquecer meu nome nem deixar de me reconhecer – acho que seria um baque horrível para mim. Mas foi se tornando emocionalmente dependente de mim para quase tudo. Eu era seu porto seguro em boa parte do dia.

Era como se eu tivesse assumido a maternidade de uma criança de 70 anos, com suas opiniões, crenças e hábitos já cristalizados. Era comum, uns 20 minutos depois do almoço, minha mãe me perguntar: "Filha, que horas vamos almoçar?". Quando dizia que já tínhamos almoçado, ela sempre se surpreendia. "Mas como, se estou com fome?" É isso, mexer com as memórias causa um transtorno em todo o organismo, como se o corpo humano se desprogramasse e perdesse a capacidade de "comunicação interna".

Não vou negar que houve um lado bom: minha mãe começou a esquecer se tinha fumado ou não. Confesso que, sempre que me pedia cigarro (ou perguntava onde estava guardado, porque não se lembrava), eu dizia que ela tinha acabado de fumar. No estágio inicial da doença, ela sabia que não era verdade, mas, aos poucos, foi aceitando minha resposta e foi parando de fumar (por esquecimento, não por vontade).

Foram dois anos intensos de cuidados, consultas e repetições. A família próxima até se dispunha a ajudar, orientar, mas, na prática, era muito difícil que alguém cuidasse realmente da minha mãe. Fazer companhia, conversar sobre a mesma coisa diversas vezes, ir ao mercado, levar ao médico, gerenciar as cuidadoras... Muitas vezes me perguntava até quando aquela situação se estenderia, mas logo deixava os questionamentos de lado, porque sempre tinha uma tarefa com ela para fazer.

22. Um novo olhar sobre a vida

*"Ando devagar porque já tive pressa
E levo esse sorriso
Porque já chorei demais*

*Hoje me sinto mais forte
Mais feliz, quem sabe
Só levo a certeza
De que muito pouco sei
Ou nada sei."*

Almir Sater e Renato Teixeira – Tocando em frente

Nasci em uma geração imediatista, do final dos anos 1970, com ânsia em fazer, acontecer, construir, viver. Que quer resolver as coisas de forma rápida, sem elaborar direito as emoções. E esse tem sido meu grande desafio de vida hoje. Tenho feito muitos exercícios para modular minha paciência. É preciso saber esperar, mas não deixar de agir.

A morte da minha mãe foi e tem sido intensamente transformadora para mim. Depois do impacto da notícia, da passagem, do velório, do enterro... e de toda a burocracia do entorno de um falecimento, vem... a rotina. A vida volta ao normal, mas nós não. O trabalho continua acontecendo, o escritório não mudou de lugar, os prédios, as pessoas continuam vivendo. Mas dentro de mim, tudo havia mudado.

A primeira grande dor é a da saudade. Ela é imensa no início e te domina de uma forma que você acha que não vai superar. Em todos os cantos da casa eu via minha mãe, achava que ela iria aparecer me pedindo alguma coisa para comer ou chamando a Suzy.

Aliás, a Suzy foi um pilar importante após a partida da minha mãe. Para uns pode parecer bobagem, mas a cachorrinha se aproximou ainda mais de mim e, de uma forma inexplicável, passou a me tratar como sua nova tutora. Era como se, no coração dela, ela soubesse que minha mãe não voltaria, e que agora dependia de mim. De uma maneira profunda, ela me deu carinho, apoio e amor, além de ser uma conexão entre minha mãe e eu. A Suzy representa hoje o amor que vivi com minha mãe no pouco tempo em que morei com ela, depois que ficou doente.

Curiosamente, foram esses quase dois anos que tivemos uma relação de mãe e filha. Embora o Alzheimer cause alterações emocionais e comportamentais, minha mãe tinha momentos de extremo carinho comigo. Conversávamos bastante, eu contava do meu dia e sempre levava algum chocolate para ela (por conta do trabalho, em uma empresa de alimentos). Esses pequenos momentos e a responsabilidade que eu assumi de cuidar dela, das finanças e da vida da minha mãe me deram uma força muito grande. E minha mãe passou a perceber isso. Às vezes agradecia, às vezes não. Mas ver a alegria dela com o chocolate já me bastava naquela altura do campeonato. Apesar dos episódios de repetição de ideias, palavras e ações, minha mãe estava muito mais amorosa e compreensiva comigo – talvez, em algum momento de lucidez, ela tenha se dado conta de que eu tinha feito um grande sacrifício por ela, e aquilo lhe fazia bem à alma, e fez com que nós nos aproximássemos.

Esse foi um período de virada, antes da morte da minha mãe. Ter sido verdadeiramente amada, respeitada e querida por ela foi o que eu precisava viver para fechar um ciclo de um relacionamento complexo, mas impossível de ignorar. Eu poderia mudar de namorado, de trabalho, de casa, mas nunca de mãe. Ao mesmo tempo, passei a amá-la genuinamente, pelo simples fato de ser minha mãe.

Hoje eu vejo que foi necessário tudo o que passamos, e tudo o que vivi, para poder desenvolver a relação de mãe e filha. Diferentemente da minha avó, que me acolheu a partir do momento em que vim ao mundo, com minha mãe a relação de amor e gratidão foi construída ao longo da jornada, de experiências de sofrimento e aprendizados. Com minha avó, o sentimento de gratidão, de carinho, de amor fluía naturalmente. Por mais que ela fosse exigente comigo, era uma relação sólida. Já com minha mãe, não. Foi como se eu tivesse nascido de uma estranha e, ao longo dos anos, fôssemos nos conhecendo e reconectando.

23. A chegada dos 40

*"Eu vejo a vida melhor no futuro
Eu vejo isso por cima de um muro
De hipocrisia que insiste em me rodear*

*Eu vejo a vida mais clara e farta
Repleta de toda satisfação
Que se tem direito do firmamento ao chão."*
Lulu Santos – Tempos Modernos

Toda essa nova realidade que se impunha em minha vida também me fez mudar em meu relacionamento com o argentino – não dá para negar que há uma grande interferência emocional. Em se tratando de um relacionamento à distância, então, é muito maior a chance de as coisas esfriarem. De fato, assim foi. Pouco a pouco, fomos nos tornando mais amigos do que namorados. A demanda com minha mãe me ocupava, bem como o trabalho. Eu tentava equilibrar todos os pratos, mas não era possível. No fim das contas, tivemos um entrevero e terminamos (já contei isso antes). No começo, foi muito difícil aceitar. Sofri, chorei, me revoltei. Achava que nunca mais me apaixonaria novamente por nenhum homem.

Cerca de dois meses depois do término, eu decidi "voltar ao mercado", conhecer gente nova, mas sem compromisso. Foi uma fase muito fértil, digamos assim. É muito fácil encontrar homens dispostos a relações superficiais. Em geral, eles não sabem muito bem como lidar com a questão da responsabilidade afetiva. Não foram treinados para isso.

Claro, não dá para generalizar, mas é visível essa questão em boa parte dos casos. O homem está preparado para ser o provedor material, mas não o emocional. Ainda bem que isso tem mudado, especialmente com as novas gerações de meninos e de mães, que têm feito um papel maravilhoso de transformação. Mas a minha geração, de homens na faixa dos 40 anos, está meio perdida. Eles querem uma mulher independente, fiel e companheira, mas não conseguem se envolver na mesma medida. São tomados por medos e inseguranças, mas se escondem por trás de uma capa de virilidade e coragem. No fundo, têm muito mais dificuldade de lidar com as agruras do mundo emocional, os conflitos e divergências do coração. Eu ainda sou de uma turma de mulheres que cresceu para lutar, enfrentar e vencer – apesar de tudo, inclusive os homens e a "crueldade" do mundo.

Quando completei 40 anos, em 2020, ao contrário do que eu sempre acreditei, foi libertador e feliz. Eu me imaginava sofrendo mais o "peso" da idade – e de fato, embora tenha ganhado alguns cabelos brancos (até que demoraram para aparecer...), vieram benefícios adicionais.

Sinto-me revigorada para buscar novos desafios, para mudar e fazer o que sempre sonhei, como escrever este livro. Relutei em muitos momentos em colocar para fora essa história, porque me sentia envergonhada por ter tido uma relação tão conturbada e desequilibrada com minha mãe, e pela ausência do meu pai. Mas... quem nunca sofreu na família?

Eu costumo brincar que, se família fosse algo gostoso, se chamaria "brigadeiro". Por mais que a gente ame nossa família, não é uma estrutura fácil de manter e lidar, seja emocional e financeiramente, seja em aspectos práticos do dia a dia. Família exige um exercício constante de dedicação e resiliência. São pessoas com quem nós somos obrigados a conviver e que, na maioria das vezes, carregam características que nos desafiam – alguns são ausentes, outros mais carentes ou com seus vícios (álcool, drogas, comida, tecnologia, sexo...). Em grande parte, são pessoas com quem temos uma conexão muito próxima, como um irmão, pai, mãe, filho, tio, enfim...

Hoje estou ressignificando minha vida, a cada dia, e me tornando uma pessoa mais plena e amorosa. Os problemas e desafios internos existem e são muitos, mas me sinto mais capaz de enfrentá-los com mais serenidade. Ainda tenho questões com a comida e dificuldade de lidar com isso, mas consigo viver sem me dilacerar por dentro. É meu carma, meu calcanhar de aquiles, mas estou em evolução porque tenho mais compromisso e mais compreensão comigo mesma.

Agora, estou vivendo uma nova década, com muitos sonhos, desejos e esperanças – e menos pressa e ansiedade. Ainda que a luta seja difícil, que o caminho possa ter curvas difíceis e conflitos, eu seguirei em frente. Entendi, finalmente, que, apesar de tudo, sou merecedora de amor e realizações (e já veio um novo amor. Uma relação profunda, serena, com um homem maravilhoso).

E quem sabe... essas palavras aqui impressas cheguem até a minha mãe na outra dimensão, no céu, onde quer que ela esteja. Quem sabe o plano espiritual leve esses recados para ela. Não como uma mensagem de cobrança, mas como um resgate que continua na vida após a morte, que é apenas uma passagem. Como uma mensagem de amor, perdão e esperança.

24. Carta para minha mãe

"... trate de tomar uma decisão. É preciso perdoar hoje, aqui e agora. Decida-se!"
Padre Bantu Mendonça

Mãe, vivemos juntas por 39 anos. É pouco tempo, mas foi intenso. Brigamos, discutimos, nos separamos, mas sempre voltávamos por causa do amor que nos unia. Até a adolescência, não tínhamos uma relação harmoniosa. Pelo contrário. Foram anos muito difíceis, com mágoas e ausência de diálogo. O ambiente pesado entre nós me fez, aos 14 anos, sair de Bauru e voltar para o aconchego do abrigo de minha avó. A vida adulta batia à minha porta e eu a abracei com vontade. Estudei, me formei em Jornalismo e comecei minha carreira (ainda que seu sonho fosse eu estudar Economia ou Odontologia!). Em paralelo, nós mantivemos uma relação básica de mãe e filha. Mas sempre me fazia falta esse algo a mais com você. A vida e o plano espiritual, em uma estratégia inteligente, começaram a nos reaproximar.

Em 2003, você passou por uma cirurgia complicadíssima, que durou quase dez horas. Como uma fênix, sempre se recuperava de forma impressionante, chamando a atenção dos médicos. Os anos se passaram, você voltou para São Paulo e fomos nos aproximando mais e mais. Até que, em 2017, já demonstrando um início de fragilidade, veio o diagnóstico de Alzheimer. Somado a isso, havia problemas de pulmão, causados por 60 anos de tabagismo. Relutei muito, mas diante da impossibilidade de mudar o destino, vendi meu apartamento, peguei minhas coisas e fui morar com você.

Você passou por muita coisa aqui. Sofreu dores físicas e emocionais profundas, cuja real dimensão eu talvez não tenha compreendido. Mas sei que nos perdoamos. E é esse perdão que me dá forças para continuar, porque hoje sinto, do fundo do meu coração, que você está comigo. Que se orgulha de mim, apesar de todos os meus erros e todas as minhas imperfeições. Ainda que eu chegue do trabalho e não possa te dizer como foi meu dia, de onde você estiver, você saberá.

Estamos em 2022, vivendo tempos estranhos. Depois de dois anos de uma pandemia, no fundo, quero acreditar que é um merecimento divino você não estar passando pela loucura que estamos vivendo agora. Esse vírus estranho que, a princípio, parece ter gerado pouco medo. Nos primeiros meses vivemos entre idas e vindas de isolamento social e quase tudo fechado. Hospitais lotados, pessoas sofrendo... tudo por conta de um vírus, invisível, que contamina pessoas de todas as idades, raças e condições sociais... algumas pessoas ainda não despertaram sobre o verdadeiro sentido dessa pandemia, da transformação que precisamos empreender dentro de nós.

Eu quero apenas que saiba que estou lutando, mãe. E assim continuarei, porque você me conhece: não desisto fácil das coisas. Tenho sonhos, projetos e muita vontade de viver. Mesmo com a dor da sua ausência física, que tanto me faz falta (um abraço agora cairia tão bem...!), eu sigo com fé no amor e no sentimento que fortalecemos enquanto vivemos juntas aqui na Terra.

Você vive em meu coração, e todos os dias eu penso em você. Eu aprendi a te amar, mãe, e não passo um dia sem lembrar do seu carinho e dos bons momentos que passamos juntas. Quando te trazia chocolate e você ficava feliz, quando brincávamos com a Suzy... que, aliás, segue aqui, ao meu lado, firme e fiel. Uma parceira de vida. O Chuvisco partiu em 2020, foi dolorido, mas quem sabe vocês já não se encontraram aí no plano espiritual. Pouco tempo depois, acabei adotando o Pipoca, um gatinho lindo que se tornou também companheiro (a Suzy gosta muito dele!).

Sinto falta de falar com você. De poder chamar "mãe" e ouvir alguém responder. De ouvir você me chamar de "Regininha". Eu não gostava desse apelido, você sabe, mas hoje não me incomodo mais, porque você sempre falou com amor. Você sempre teve muito amor, mãe. Nem sempre expressou da melhor forma, mas, lá no fundo, eu sentia. Lembro de você com medo de chuva, raios e trovões, pedindo para desligar tudo em casa no primeiro sinal de tempestade. Lembro que toda vez que a gente parava no semáforo e você avistava um morador de rua, logo queria ajudar, levar comida, água, dar algum dinheiro, com o coração partido de ver um ser humano naquelas condições. Aliás, você sempre teve um coração enorme, mãe, e eu consegui perceber isso a tempo.

Apesar da saudade, mãe, estou bem acompanhada. Primeiro, pela nossa família, especialmente pela tia Juliana, que você conhece bem. Ela continua firme aqui, tentando dar conta das questões dela, sem desistir dos seus sonhos mais profundos. Pela Gabriela, que veio morar comigo e se tornou uma companheira incrível. Pelo Marcus, meu namorado, que você não conheceu aqui, mas tenho certeza de que iria adorá-lo porque ele é tão organizado como você!

Tenho, ainda, meus queridos amigos, como a Marília, que você sempre admirou pela coragem, determinação e talento em fazer doces deliciosos que você adorava e não cansava de elogiar: "Marília, você é uma artista!". Até hoje, quando conversamos, nos lembramos dessa frase e sorrimos com alegria. Eu tinha um áudio seu do WhatsApp com essa gravação, entretanto a tecnologia (e minha incompetência ao não fazer backup) me fez perder esse arquivo. Mas não tem problema. O que importa, mesmo, é que os doces dela estão cada vez mais gostosos, mãe!

Acima de tudo, tenho a mim mesma. Sigo e seguirei trabalhando, fazendo o bem e procurando minha evolução espiritual, a minha reforma íntima. Sei que tenho muito o que melhorar, mãe. Mas estou no caminho. Estou enfrentando meus medos e ansiedades. Sei que vou conseguir, não importa o tempo que for necessário. E você vai acompanhar daí do céu, sempre ao meu lado.

Não vou negar, mãe, que a saudade dói até hoje. Sinto sua falta, às vezes me iludo que você vai aparecer e eu vou acordar, como se nada disso tivesse acontecido. Há dias bons e dias mais tristes. Como dizia Vinicius de Moraes, "o sofrimento é um intervalo entre duas felicidades". Pode ser um pouco de ilusão da minha parte, mas acredito nisso, com muita fé.

Sua ausência física sempre vai doer no meu coração. A diferença é que o tempo me dá forças para superar e, a cada dia, me conectar mais com você na espiritualidade. Porque eu sei, eu sinto que você está comigo, me amparando, em sua nova jornada no plano espiritual. Talvez este livro seja uma forma de eu chegar mais perto de você.

Obrigada por ser minha mãe nesta existência. Obrigada pela oportunidade de enfrentar tantas dificuldades e superá-las. Obrigada, acima de tudo, por me ensinar a perdoar de verdade.

Ah... e, antes de terminar esta carta, quero te dizer que quando eu te falei, ao pé do ouvido, durante seu sono profundo no hospital, que você podia ir, que tudo ia ficar bem, eu não estava mentindo. Eu queria apenas, mãe, que você não sofresse mais, que você encontrasse um novo caminho de luz, esperança e amor. É o que você merece, por todo seu esforço, sua luta pela vida comigo, sua vontade de estar perto da Suzy, nossa amada cachorrinha. Mas, por alguma razão que não sabemos, você passou deste plano para outro, muito mais elevado do que este planeta Terra, tão confuso, tão intolerante, tão bagunçado, tão desequilibrado, com tanta ausência de amor... Que bom que tivemos a oportunidade de nos reencontrar aqui, nesta existência, para resgatar nossa relação e nossa convivência.

Você está com os anjos e eu, daqui da Terra, me amparo no nosso amor para seguir em frente. Ainda que a saudade bata no meu coração todos os dias, me traga lágrimas, eu não vou esmorecer. Posso cair, mas me levanto quantas vezes forem necessárias. Daqui eu vou seguir, confiante de que, um dia, estaremos todos reunidos novamente na morada do Pai celestial. Obrigada por ser minha mãe. Te amo para sempre.

Perder alguém querido

Padre Zezinho

Não há palavras para expressar essa dor.

Não há livro que a descreva. Por isso, o melhor jeito de consolar é falar pouco, orar junto, sentir junto e estar presente, cada um do jeito que sabe.

Palavras não explicam a morte de alguém querido.

Sabem disso o pai, a mãe, os filhos, os irmãos, os avós, o namorado e a namorada, o marido e a mulher, amigos de verdade.

Quando o outro morre, parte do mistério da vida vai com ele.

A parte que fica torna-se ainda mais intrigante. Descobrimos a relação profunda entre a vida e a morte quando alguém que era a razão, ou uma das razões, de nossa vida vai-se embora.

Para onde? Para quem?

Está me ouvindo? A gente vai se ver de novo?

Como será o nosso reencontro?

Acabou-se para sempre ou ela apenas foi antes?

Por que agora? Por que deste jeito?

As perguntas insistem em aparecer e as respostas não parecem claras...

Dói, dói, dói e dói...

Então a gente tenta assimilar o que não se explica, cada um do jeito que sabe.

Há o que bebe, o que fuma, o que grita, o que abandona tudo, o que agride, o que chora silencioso num canto, o que chama Deus para uma briga, o que mergulha no fatalismo e o que, mesmo sem entender ou crer... aposta na fé!

Um dia nos veremos de novo... Enquanto esse dia não vem, quem eu amo, que se foi, me vê, me ouve e ora por mim, lá junto de Deus.

Para ela, a vida tem, agora, uma outra dimensão... Alcançou o definitivo.

Quem fica perguntando e sofrendo somos nós. Mas, como a vida é um riacho que logicamente deságua, a nossa vez também chegará e, quando isso acontecer, então não haverá mais lágrimas.

As que aqui foram choradas terão a sua explicação.

Por enquanto, fica apenas o mistério.

Alguém que não sabemos, porque nasceu de nós, e porque cresceu em nós, porque entrou tão de cheio em nossa vida, fechou os olhos e foi-se embora.

Quem ama de verdade não crê que acabou.

A vida é uma só: começa aqui no tempo e continua, depois, na ausência de tempo e de limite.

Alguém a quem amamos se tornou eterno.

E essa pessoa já sabe quem e como Deus é!

E também sabe o porquê de sua partida...

Por isso, convém falar com ela e mandar recados a Deus por meio dela.

Se ela está no céu, então alguém, além de Deus, de Jesus e dos santos, se importa conosco.

Definitivamente, não estamos sozinhos, por mais que doa a solidão de havê-la perdido.

Mas é apenas por pouco tempo. Quem amou aqui, sem dúvida, se reencontra no infinito...

Agradecimentos

"Se tiver que amar, ame hoje. Se tiver que sorrir, sorria hoje.
Se tiver que chorar, chore hoje. Pois o importante é viver hoje.
O ontem já foi e o amanhã talvez não venha."
Chico Xavier

A todas as pessoas que fizeram e fazem parte da minha vida, na família, na escola, no trabalho e nas minhas viagens por este mundo. Em especial, um abraço carinhoso aos meus primos Sérgio Rodrigues Bio Filho, Fernando de Paula Bueno Rodrigues Bio (e toda a linda família que construiu) e Ricardo de Paula Bueno Rodrigues Bio.

À Leninha, tia Sylvinha, Bruna e Carlos; à minha veterinária preferida e prima querida Anneliese e toda a "turma" de São Carlos; à tia Glaucia, ao tio Ary, ao Andrade (médico sempre pronto para ajudar) e à querida Geórgia; à "turma de Bauru" (Cristina, Eduardo, Mariana, Mateus, tia Diva, tio Joaquim, Júnior, Rita, Xandinho e os saudosos tios da casa da Rua Saint Martin), a todos os amigos do colégio Anglo, do Parque Vista Alegre, da rua Antônio Alves, do time de vôlei do BAC (Bauru Tênis Clube); aos amigos e colegas de São Paulo, do Parque dos Cisnes (Verinha e nosso jornal do prédio, já anunciando meu futuro como jornalista!), do Pueri Domus, do Colégio Friburgo, da PUC-SP, da Metodista; aos amigos do futebol de São Paulo e do Rio Grande do Sul; aos amigos da Argentina.

À Bel Guerra, psicóloga, uma das pessoas que mais me incentivou a escrever, mesmo quando eu não acreditava que poderia.

Como não poderia deixar de ser, quero lembrar aqui de todas as pessoas com quem convivi e convivo ao longo da minha carreira – parceiros, colegas, clientes, chefes, professores... A lista de gente querida é enorme e cada uma está em meu coração. Quero deixar um agradecimento especial a algumas delas: Cristina Duarte (*in memoriam*) – que me abriu as portas do jornalismo, Daniel Neves, Vera Magyar, Paula Perim, Tatiana Bonumá. Às amigas e mulheres inspiradoras da FSB Comunicação: Anne Fadul, Denise Teixeira, Debora Ribeiro, Jennifer Queen, Krishma Carreira, Paula Alface Dubois, Paula Barcellos – e aos amigos e colegas com quem tanto troco conhecimento e experiências. Essa é a beleza do mundo da comunicação!

À Socorro, cuidadora e multitalentos (cuida, dirige, conserta tudo). À Rosy, meu anjo da guarda, sempre tão paciente e cuidadosa comigo e com todos que fazem parte da minha vida. Apaixonada pelos animais (cuidou dos meus gatos e da Suzy com o maior amor do mundo), e que embarcou nesta família com alma e coração há quase 30 anos. Rosy, a você, minha gratidão eterna.

Às amadas tia Zefa e tia Mercedes (nossa amada Dinha), que, lá do céu, estão jogando um belo carteado com a vó Alzira. À tia Carminha e ao tio Arnaldo (*in memoriam*), o melhor e mais divertido casal do Choque-Rei.

À Elissandra, Rubens, Marina, Ivan e Miryah, uma família maravilhosa, que mostra o valor do amor ao próximo, da tolerância e do respeito no convívio entre as pessoas.

À Gabriela, minha "sobrinha", que veio morar comigo em 2021 e transformou minha vida com seu companheirismo, sua maturidade e coragem com apenas 18 anos. À Laura, minha afilhada amada, por sua alegria, determinação e vontade de viver, e por sempre demonstrar seu amor pelas pessoas. À Giovanna, minha também afilhada, por toda sua doçura, carinho e amor compartilhados.

Ao Marcus, meu amor e companheiro, paciente, inteligente, determinado e com um coração enorme.

Por fim, meu amor e respeito profundos à minha tia e madrinha Juliana. Aqui, as palavras são dispensáveis, porque sabemos tudo o que vivemos e o sentimento que nos envolve. Obrigada pela parceria nesta (e em outras) vidas, tia.